위기관리총서 시리즈

03

자살위기의 이해와 개입

현장에서의 위기개입워크북

육성필
조윤정

박영
story

일러두기

본 위기개입워크북과 매뉴얼에 제시되는 사례는 효과적인 교육과 훈련을 위해 집필진이 구성한 가상 사례이다. 현장에서의 실제 위기개입의 예를 보여주는 위기개입동영상은 출연진으로부터 저작과 영상물 이용에 대한 동의를 받아 제작하였다.

서 문

나는 병원에서 수련받은 임상심리학자로서 정신건강서비스 제공자의 역할을 시작했지만 자살을 포함한 다양한 유형의 위기를 접하게 되면서 위기관리에 관심을 갖고 위기와 관련된 다양한 교육, 연구, 프로그램 및 정책개발 등의 노력을 하게 되었다. 그동안 개별적으로 위기에 대한 학문적 관심에 따라 위기에 대한 연구를 하는 경우가 있었지만 개인의 관심에 따라 단편적 일회적인 경우가 많았다. 이로 인해 위기관리를 체계적이고 종합적으로 접근하는 데는 많은 한계가 있었다. 위기의 심각성과 위기관리의 필요성을 절감하고 이러한 한계를 극복하기 위해 대학교에 전공으로 위기관리를 개설하였다. 위기관리전문가를 양성하고 있는 곳은 우리 학교가 세계최초이다. 위기관리전공 교수로서 많은 연구를 하고 전문가양성을 하면서 얻은 교훈 중의 하나는 개인이든 집단이든 평상시 자신의 역량이나 대처범위를 넘어서는 어려움에 노출되면 위기에 처하게 된다는 것이다. 대부분의 사람들은 자신이나 자기 주변에는 위기가 없을 것이라 믿는다. 하지만 위기는 우리들의 의지나 선택 밖의 일이다. 위기관리를 전공하는 나에게는 매일매일이 위기사건으로 넘쳐난다. 이런 나에게 어느 날 일면식도 없는 소방관이 "자살하려는 사람을 포함해서 위기사건이 발생하면 출동하게 되는데 어느 날인가부터 '단순히 현장에 출동해서 구급차에 위기에 처한 사람을 싣고 병원에 데려다주는 것이 자신이 해야 되는 역할의 다인가? 아니면 위기출동현장에서 자신이 더 해야 되는 일이 있는 것은 아닌가?'"라고 물어왔다. 특히, 현장에 가장먼저 출동하게 되는 자신이 위기에 처한 사람에게 현장에서 혹은 이송과정에서 무엇을 어떻게 해야 되는지에 대한 지침이 있다면 많은 도움이 될 것 같다는 하소연을 했다. 이 말을 들은 것이 이번에 출판하는 위기관리총서인 "현장에서의 위기개입매뉴얼과 워크북"을 만들겠다는 생각을 하게 한 계기였다. 이전에는 위기개입을 해야 하는 현장의 위기개입자들이 당연히 자신의 역할을 수행하고 있다는 생각만 했지 위기에 처한 사람을 위한 보다 낫고 훨씬 전문적인 서비스를 제공하려는 욕구가 있다는 것을 알지 못했던 것이다. 또한 이들을 위한 전문적 지지나 훈련이 있어야 한다는 생각을 하지 않았다.

위기개입자 혹은 정신건강서비스제공자는 도움이 필요한 곳에 가장 먼저 출동하여 적절한 서비스를 제공해야 한다. 위기개입자는 현장에서 위기에 처한 사람들의 욕구와 문제의 심각성을 가장 빠르고 정확하게 파악하여 위기에 처한 사람들의 안전과 행복을 최우선으로 확보해야 한다. 실제 위기개입자들이 위기현장에 출동하거나 도움을 요청받았을 때 무엇을 어떻게 해야 하는지 판단이 되지 않아 당황하는 경우가 종종 있다. 또한, 실제 경력이 많고 현장의 베테랑이어서 별 어려움 없이 위기현장에 대한 통제권을 확보하고 위기개입활동을 하고는 있지만 자신들의 위기개입활동이 제대로 된 것인지, 전문적인 것인지에 대한 확신이 없어 힘들어하기도 한다. 하지만 위기현장에서 활동하는 위기개입자가 자신들이 제공하는 서비스에 대한 자신이 없어 하거나 불안해 하면 위기에 처한 사람에게 미치는 부정적인 영향을 엄청나게 크고 생명을 잃게 할 수도 있다. 그러므로 위기개입자들에게는 위기현장에 출동하여 위기에 처한 사람들의 욕구를 빠르게 확인하고 당장의 위기를 해소시킬 수 있는 능력이 요구된다. 이처럼 힘들고 급박한 위기개입현장의 특성을 고려하여 경찰관이나 소방관들에게 정신건강과 도움을 청한 사람들과의 관계형성이나 대화 등에 대한 교육과 훈련을 시킨 후 업무수행을 평가했더니 위기개입을 하는 당사자들의 업무수행에 대한 자신감과 유능감이 증가한 것은 물론 위기개입서비스를 받은 시민, 특히 위기에 처한 사람들의 회복이나 안정감이 훨씬 좋아졌다는 선행연구들이 많다. 이러한 현실과 연구결과를 고려하여 이제는 위기개입자가 현장에서의 위기개입을 보다 전문적이고 체계적으로 할 수 있도록 관심을 갖고 도와주는 것이 필요하다. 지금도 위기현장에서 위기개입서비스를 하고 있는 위기개입자들이 위기개입에 대한 자신감과 자긍심을 갖도록 하는 노력이 요구된다.

저자가 많은 문헌연구, 외국 및 국내의 현장방문, 현장의 실무자와의 만남을 계속하면서 위기현장에 출동한 인력이 가장 초기에 적절한 서비스를 위기에 처한 사람이나 조직에 제공한다면 위기가 더 이상 악화되지 않고 위기가 해소되는 것은 물론 위기를 경험한 사람들이 건강한 일상생활을 영위할 수 있도록 도와줄 수 있을 것이라는 확신을 하게 되었다. 이러한 확신을 바탕으로 현장의 위기개입자들의 위기개입에 대한 전문성과 현장에서의 대응능력을 높이는 데 도움이 될 수 있는 "현장에서의 위기개입매뉴얼과 워크북"을 만들었다.

저자와 동료들이 "현장에서의 위기개입매뉴얼과 워크북"을 만들기 위한 집필위원회를 만들고 작업을 시작했지만 위기의 유형과 현장이 너무 다양하고 각각의 상황에서 필요한 위기개입서비스의 내용과 종류도 많아서 주제를 설정하고 포함되어야 하는 내용을 결정하는 작업자체도 집필진에게는 위기였다. 그중에서도 위기관리의 업무영역과 업무의 한계를 정하는 것이 가장 힘든 일이었다. 일반적으로 정신건강서비스제공 관련전문가들은 위기에 처한 사람들에게 치료나 상담을 제공하는 것을 주요 역할이라고 생각한다. 하지만 실제 위기관리에서는 관리라는 말자체가 의미하듯이 위기에 처한 사람의 위험성과 상태를 빨리 평가하고 확인하여 위기에 처한 사람들에게 가장 필요한 서비스가 제공되도록 도와주는 역할이 가장 중요하다. 다시 말하면 위기관리는 위기개입시 위기에 처한 사람이나 조직의 욕구와 위험성을 가장 먼저 평가하여 위기에 처한 사람들의 물리적 안전을 확보하는 것을 가장 최우선으로 한다. 이러한 위기관리에 의해 일단 위기상황이 안정화된 후 보다 추가적이고 전문적인 서비스가 필요하다면 그때서야 일반적으로 말하는 치료나 상담이 이루어지게 된다. 따라서 위기현장에서 위기개입자에게는 전문적인 상담자의 역할이 아닌 심리적 응급처치자(psychological first aid)로서의 역할이 요구된다. 이와 같은 일반적인 심리서비스와 위기관리의 위기개입서비스의 차이를 반영하여 "현장에서의 위기개입매뉴얼과 워크북"에서는 위기개입자의 의뢰에 의해 전문가에 의한 본격적인 서비스가 제공되기 전까지의 활동을 위기개입자의 역할로 한정하였다. 물론 위기개입자가 전문적인 심리 상담이나 치료까지 할 수 있으면 더욱 이상적일 수 있다. 다시 강조하지만 위기개입현장에서는 본격적인 상담이나 치료를 시작하지 말고 위기에 처한 사람의 현재 상태를 즉각적이고 정확하게 평가하고 필요한 서비스를 확인하는 작업이 우선되어야 한다.

"현장에서의 위기개입매뉴얼과 워크북"은 3번의 워크숍에서 얻은 참가자와 진행자들의 경험과 충고를 충분히 반영하고 집필위원회의 의견을 종합하여 수정 보완한 내용들로 구성하였다. 수차례의 회의와 고민을 통해 최종적으로 "현장에서의 위기개입매뉴얼과 워크북"은 윤리와 가이드라인, 스트레스, 위기, 자살, 범죄피해, 성폭력과 가정폭력, 재난, 애도, 심리소진 등의 영역으로 구분하였다. 주제와 영역을 나누는 과정에서 가정폭력과 성폭력도 범죄에 해당되어 초기에는 범죄 영역에서 다루려 했지만 가정폭력과 성폭력은 실제 임상장면에서 자주 접하고 점점 증가하고 있어 독립하여 구성하였다. "현장에서의 위기개입매뉴얼과 워크북"은 일반시민들을 위한 책이 아니고 위기현장에서 구호활동이나 위기개입 서비스를 제공하는 경찰관, 소방관, 정신건강관련업무종사자(심리, 사회복지, 간호, 의학, 법률 및 행정 등의 정신건강관련 업무를 수행하는 분)들이 현장에서 직면에게 되는 위기의 내용과 특성에 가장 적합한 면담, 평가, 개입과 의뢰를 가장 효율적으로 수행할 수 있도록 교육하고 훈련시키는 내용으로 구성되어 있다. 이러한 의도를 반영하여 구성한 매뉴얼과 워크북을 적절히 사용하여 교육과 훈련을 받는다면 위기개입자로서 다양한 사건과 현장을 접했을 때 위기에 처한 사람에게 가장 적절하고 효과적인 서비스를 제공했으면 한다. 동시에 이를 통해 위기개입자의 전문성과 능력에 대한 자신감을 갖고 위기개입자들의 정신건강증진에도 도움이 되었으면 한다. 추가로 매뉴얼과 워크북에 제시되는 모든 사례는 교육과 훈련을 위해 구성되었다.

이번의 "현장에서의 위기개입매뉴얼과 워크북" 출판은 우리나라에서는 처음으로 기획하고 추진한 방대한 작업이어서 많은 부담을 느끼고 더 세밀하고 꼼꼼하게 정성을 기울여 자료수집단계부터 교정과 수정과정을 진행하였다. 나름대로 최선을 다하고 도움이 될 수 있도록 노력했지만 부족한 부분도 있을 것이고 오류가 있을 수도 있을 것이다. 이와 관련된 것은 전적으로 책임저자인 나의 몫이다. 사람과 함께 하는 일을 한지 벌써 30년 이상의 시간이 흘렀고 시간이 흐르는 동안 학부생으로서의 나와 지금의 나와는 엄청나게 많이 달라졌다. 하지만 점점 강해져가고 분명해지는 것은 나와 함께 같은 곳을 보고 있는 사람들이 있고 함께 하는 이들의 수고와 노력이 나에게는 가장 큰 자산이고 자원이라는 것이다. 매일매일이 모여서 우리의 삶을 이루지만 우리는 많은 사람들의 도움과 지지를 받고 힘을 얻어 우리는 또 다른 하루를 시작한다. 하지만 우리는 하루를 살아내는 우리와 주변 사람들의 수고와 지지가 있음을 잊고 산다. 힘들고 어려운 일은 어느 날 불현 듯 우리에게 다가온다. 그래서 우리에게는 오늘의 삶, 지금의 삶이 소중하다. 이러한 생각에 기초해서 나는 오늘의 내가 있도록 함께 해준 많은 사람들에 대한 고마움을 지금 전달한다.

"현장에서의 위기개입매뉴얼과 워크북"을 출판하는 과정에서 치열한 고민과 토론을 하면서 같이 고민해 준 워크숍 참가자, 현장의 실무자, 졸업생, 학생들이 있었다. 만약 이들의 헌신과 희생이 없었다면 "현장에서의 위기개입매뉴얼과 워크북"을 출판하는 것은 불가능했을 것이다. 힘들고 어려운 작업임에도 불구하고 위기에 처한 사람들은 물론 위기개입자들에게 조금이라고 도움이 되었으면 하는 마음에 의기투합하고 함께 한 많은 분들에게 진심으로 감사하고 고마움을 전한다.

아직은 사회적으로 큰 전공이 아니어도 위기관리에 관심을 갖고 위기에 처한 사람들을 위해 연구와 실천을 하고 있는 위기관리전공생 여러분들이 있어 행복하고 또 다른 도전을 시작할 수 있는 용기를 주어서 고맙다. 그리고 위기관리에 관심을 갖고 계신 많은 분들께도 고마움을 전달하고 많은 교육, 훈련과 강의 현장에서 나와 만났던 수많은 분들께도 감사드린다.

　　현장에서의 위기개입매뉴얼 8권, 워크북 8권 총 16권의 위기개입총서의 출판을 기꺼이 허락해주고 지원해주신 박영사의 안종만 대표께 감사드린다. 특히 출판을 전체적으로 조율하고 계속 소통하며 보다 좋은 책이 될 수 있도록 도와주신 노현 이사님과 초고, 재고, 삼고의 어려운 작업과 까다로운 집필진의 요구를 최대로 반영해주시고 바쁜 와중에도 꼼꼼하게 검토해주시고 확인해주신 강민정 선생님께는 더욱 더 깊은 감사의 마음을 전한다. 다시 한번 지금도 위기관리에 관심을 갖고 사람에 대한 진실한 사랑과 믿음으로 묵묵히 연구하고 현장에서 헌신하고 있는 졸업생들과 재학생들이 있어 우리는 외롭지 않을 것이고 우리들이 있어 세상은 더 행복해질 것이라 믿는다.

　　특별히 지금도 아무도 가지 않은 외롭고 낯선 길을 용기 있게 개척할 수 있도록 전적으로 믿어주고 함께 하며 나를 최고로 알고 지원해준 나의 가족인 이혜선 박사와 두 아들에게는 사랑의 마음과 진심으로 미안하고 고마운 마음을 전한다.

2019년 2월
책임저자 육성필

차 례

위기관리총서 시리즈 3

현장에서의 위기개입워크북

자살위기의 이해와 개입

자살행동의 이해

　자살은 인간의 행동 중에서 가장 복잡하고 이해하기 어려운 행동 중의 하나이다. 사람들은 살고자 하는 강한 본능과 죽고자 하는 반대적인 특성을 가지고 있다. 자살은 이해하기 어려운 인간의 행동일 수 있으며, 흔하게 일어나는 일도 아니다. 하지만 자살은 인류가 지구상에 존재하면서 끊이지 않고 나타나는 현상이며, 자살과 관련된 수많은 이론과 끊임없는 연구에도 불구하고 여전히 이해하는 것은 물론 해결하기 어려운 인간의 행동으로 여겨진다. 따라서, 자살행동을 예방하거나 실제 개입을 하고, 추후 관리까지 해야 하는 등 자살위기개입자들의 역할은 점차 증가하고 있으며 다양해지고 고도의 전문성을 요구하고 있다. 또한, 자살관련 행동을 하는 사람들에게 서비스를 제공해야 하는 자살위기개입자들은 자살에 대한 이해를 다각도에서 해야 한다. 특히, 자살위기는 다른 위기와 구별되는 독특한 특성들이 존재하기 때문에 자살위기개입자들은 자살위기에 처한 사람들의 심리적 특성을 이해하는 것은 물론 자살위험성 평가, 해석 그리고 인지적, 정서적, 행동적 특성들 모두를 고려해야 최적의 서비스를 제공할 수 있다. 다른 위기영역들과 달리 자살위기는 필요한 개입이 즉각적이지 못하거나, 적절하지 않으면 위기에 처한 사람이 죽을 수도 있는 급박하고 어려운 위기개입 영역이다. 따라서 자살위기 관련 현장에서 직접적으로 개입하는 자살위기개입자 혹은 이차적으로 연계되어 있는 수많은 위기개입자들에게도 자살행동에 대한 정확한 지식, 적절한 개입을 위한 매뉴얼 개발 및 보급, 프로토콜의 숙련 그리고 정기적인 교육이 절대적으로 필요하다.

여기에서의 자살위기개입자는 정신건강관련전문가(정신의학과 의사, 임상심리전문가, 상담전문가 등)들만을 말하는 것이 아니라 위기현장에서 자살위기에 처한 사람들에게 일차적이고 직접적으로 개입해야 하는 소방관, 경찰관, 군인, 응급실에 종사하는 의사, 간호사, 일반 개업의, 약사, 사회복지사, 직장에서 직원들의 복지·관리 등을 담당하는 구성원들, 학교 선생님과 교직원들 이외에도 자살위기와 관련된 모든 직종에 종사하는 사람들을 포함한다. 자살위기개입자는 정신건강 관련분야의 전문성을 떠나서 자살행동을 하는 사람을 위해 서비스를 제공해야 하는 사람들, 즉 공식적인 전문적 서비스가 제공되기 전에 자살위기에 처한 사람들을 현장에서 처음 만나야 하는 사람들을 모두 포함한다.

최근 자살에 대한 수많은 정보들이 넘쳐 나고 있지만, 현장에서 사용 가능한 자살위기 평가·분류·개입 등에 대한 구체적이고 실제적인 정보들은 매우 드물며, 특히 한국문화에 기반한 현장에서의 자살위기에서 활용할 수 있는 즉각적이고 효과적인 개입방법이 포함된 자살위기개입 워크북은 더욱 드물다.

1. 자살의 정의

자살이란 그 원인이 개인적, 혹은 사회적 이유로 당사자 자신의 의지에 의해 자신의 목숨을 스스로 앗아가는 행동을 말한다. 즉, '자살은 죽으려는 의도를 가지고 스스로 상해를 입혀 사망한 것이며, 그 의도를 실행할 때 결과를 예상 또는 자각하고 있었어야 한다.'고 정의된다. 자살에 대한 많은 정의들의 공통점은 자살행동을 하는 사람이 죽을 의도를 가지고 스스로 자신의 생명을 해치며 사망에 이른다는 것이다.

자살에 대한 연구는 종종 자살에 대한 정의가 모호해 어려움을 겪는다(Linehan, 1997). 19세기 말부터 자살에 대한 논의가 시작되기는 했지만 1651년경 자살(suicide)이라는 용어가 실제 처음 사용되기 시작하였으며, 당시 옥스퍼드 사전(Oxford English Dictionary)에 자살이 처음으로 등재되었다(Maris 등, 2000).

자살에 대한 다양한 정의와 관점을 정리하면 다음과 같다.

- Shneidman(1985): 자살은 스스로 유발한 소멸의 의식적 행위이며 자살이 최선의 해결책이라고 인식한 개인의 다차원적 불안(multidimen-sional malaise)이다.
- 아일랜드 국가 자살예방 기관(National Office for Suicide Prevention, 2005): 개인이 다른 방법으로는 해결할 수 없다고 인식하는 문제를 해결하고자 의식적 혹은 고의적으로 자신의 생명을 끝내는 행위를 말한다.
- Durkheim(1897, 1951): 희생자 자신의 정적 또는 부적 행위로 인한 직접적이거나 간접적인 결과로 인해 죽음에 이른 모든 경우를 말한다. 이때 자살을 한 개인은 그 행위로 인해 자신이 죽게 될 것이라는 것을 알고 있다고 전제한다. 자살의 유형을 이기적, 이타적, 아노미적, 숙명론적 자살로 분류하였다.
- Mayo(1992): 자살은 다음 네 가지 경우를 포함한다고 정의하였다. ① 자살은 시도한 사람이 실제로 죽은 경우에만 해당된다. ② 자신이 행한 것이어야 한다. ③ 자살의 주체는 능동적일 수도 있고 수동적일 수도 있다. ④ 의도적으로 목숨을 끊었을 경우에 해당된다.
- Marusic(2004): 자살은 ① 죽음을 유발하는 고의적 자기파괴 행위이다. ② 죽으려는 의도를 지닌 의식적이고 자발적인 행위이다. ③ 의지를 가지고 스스로 행한 생명위협 행위가 죽음을 초래한 것이라는 세 가지 방식 중 하나로 자살이 정의된다고 하였다.

• 일련의 연구자들은 자살에 관한 다양한 정의에서 공통된 네 가지 핵심 요인들 ① 행동의 결과(죽음) ② 행위의 주체(스스로 초래한 행위) ③ 죽으려는 의도 ④ 의식(자각)을 확인하였다(De Leo 등, 2004; Farberow, 1980; Maris 등, 2000).

위에서 살펴본 것과 같이 자살은 인간의 행동 중 가장 복잡하고 다차원적이어서 자살행동들에 대한 정확한 설명이 어렵다. 학자나 이론적인 접근에 따라 자살행동에 대한 이해에서 차이가 있다. 이처럼 자살에 대한 용어 사용에 있어 일치성이 부족한 경우, 자살행동과 관련된 위기개입에서 혼선이 생길 수 있다.

따라서 자살행동에 대해 효과적인 개입을 위해서는 자살관련 용어에 대한 정확한 정의, 이해와 사용이 가능해야 한다. 그리고 정확한 개념의 사용이 가능할 때 적절한 개입과 연계 이후 정신건강전문가들과의 정확한 의사소통이 효율적으로 이루어 질 수 있을 것이다. 이혜선(2008) 연구에서 살펴보면, 자살행동을 명명하는 용어들은 그 의미가 불분명한 상태에서 사용되고 있어 임의로 해석될 여지가 있다고 하였다. 자살 위기개입은 개인이 단독으로 개입되기 보다는 팀을 이루어야 하는 작업이 대부분이므로 통일된 용어의 사용은 원활한 의사소통을 통해 즉각적이고 효과적인 개입에 많은 영향을 미칠 것이다.

다음은 현장에서 접할 수 있는 자살관련 용어들의 정의(이혜선, 2008)이다.

• **자살행동**: 자살 생각, 죽을 의도가 없는 자해행동, 자살시도를 포함한 자살과 관련 있는 활동들의 스펙트럼을 말한다.
• **자살생각**: 단순한 죽음에 대한 생각을 넘어서 죽을 의도를 가지고 스스로 목숨을 끊는 것에 대해 생각하는 것을 말하는데, 특정한 자살계획을 포함하고 있을 수도 있고 아닐 수도 있다.
• **자살의도**: 특정한 수단으로 어떤 결과(죽음)를 유발하려는 목적을 포함

하는데, 자살의도가 분명할 수도 있고 분명하지 않을 수도 있다.

- **자살계획**: 자살을 완결하려는 구체적인 방법이나 일시, 장소 등에 대한 계획을 말한다. 자살계획은 구체적일 수도 있고 막연한 것일 수도 있다. 자살계획을 평가할 때 고려해야 하는 것은 치명성이다. 치명성이란 어떤 행동이나 방법 또는 조건이 치명적인 결과를 유발할 가능성, 즉 자신을 죽게 할 가능성 또는 의학적 확실성을 의미한다.
- **자살시도**: 죽을 의도가 있는 상태에서 잠재적으로 해가 되는 행동을 스스로에게 하는 것이다(O'Carroll 등, 1996; Byran & Rudd, 2006).
- **고의적 자해**: 치명적이지 않은 결과를 수반한 행동으로 다른 사람의 개입 없이 고의적으로 비습관적인 행동을 하는 것이다(Williams, 1997).
- **자살위협**: 인지적으로 문제가 없는 사람이 직접적으로 자해행위를 하지는 않으나 조만간 자살행위나 다른 자살관련행동을 할 것이라고 언어적·비언어적으로 암시하거나 그렇게 해석될 수 있도록 의사를 전달하는 것을 말한다(Silverman 등, 2007).
- **위험요인**: 자살위험성을 증가시킬 수 있거나 자살행동과 관련되어 있다고 밝혀진 요인들이다.
- **보호요인**: 자살위기에 처한 사람들이 자살행동을 하지 않게 해주는 여러 가지 요인들이다.
- **자살 과정**: 자살과 관련된 행동에는 관찰 가능한 행동과 그렇지 않은 행동이 있으며, 자살로 인한 사망에는 시간의 흐름이 있다. 자살 과정에서 사람들은 자살과 관련된 다양한 메시지, 신호 등을 전달한다.

2. 자살의 역학

1) 성별

일반적으로 자살률은 남성이 여성보다 높은 것으로 보고되고 있다. 자살시도는 여성이 남성보다 더 많이 하지만(Roy & Janal, 2006), 실제로 죽고자 하는 의도에서 자살을 완결하는 경우는 남성이 더 많은 것으로 보고되고 있다 (Nock & Kessler, 2005; Hatton & Valente, 1984; Maris, 1992). 우리나라의 경우도 외국의 경우와 다르지 않은데(통계청, 2015), 남성의 자살률 38.4명(통계청, 2015)으로 여성의 자살률 16.1명(통계청, 2015)보다 약 2.38배 높다.

이러한 자살률의 성차에 기여하는 요인으로 첫째, 남성들은 자살에 있어 위험요인인 술/약물 남용이 여성보다 높다(Suominen 등, 2004). 술/약물은 자살행동과 연관되는 충동성에 영향을 주지만(Goldston, 2004), 일반적으로 남성들은 남용에 대해 인정하지 않으려 하고 도움을 받거나 치료를 하지 않으려는 경향이 있다. 두 번째, 남성은 여성보다 치명적인 자살수단을 사용한다. 여성의 자살시도는 남성보다 3배가량 많지만 상대적으로 치명적이지 않다 (Murphy, 1999). 또한 여성의 경우, 임신기간 동안 자살위험성이 감소하며, 양육의 시기에도 자살률이 낮은 것으로 보고되고 있다.

2) 연령

자살률은 일반적으로 연령이 증가함에 따라 증가하는데(이소영, 2014), 나이와 연관된 심리사회적인 스트레스 요인, 가족문제, 발달적 문제들이 자살위험성에 영향을 미친다. 10세와 24세 사이에 급격한 상승세로 자살률이 증가하며, 노년기로 넘어가면서 급격한 상승세는 점차 감소하지만 노년기의 자살률은 다른 연령대에 비해 매우 높다(통계청, 2015).

우리나라의 연령에 따른 자살률을 살펴보면, 우선 10대 사망원인 순위에서 2014년을 제외하고는 지속적으로 1위를 유지하고 있다. 20대, 30대에서도 자살이 사망원인 1위를 차지하고 있는데, 다른 연령대에서는 10만 명당 자살률이 점차 감소하고 있지만 20, 30대 남성의 경우 증가하고 있는 추세이다(국립재난안전연구원, 2013). 40대(32.4명), 50대(36.4명)에서의 사망원인은 암에 이어 2위(통계청, 2015)를 나타내고 있다. 우리나라의 경우, 60대 37.5명, 70대 57.6 명, 80세 이상 78.6명으로 전체 평균 자살률이 27.3명인 것을 고려하면 연령이 증가함에 따라 자살률이 매우 높아진다는 것을 확인할 수 있다(통계청, 2015).

연령별 자살률에 기초하여 자살위기개입자들이 주의 깊게 보아야 하는 것은 청소년은 다른 연령에 비해 더 많은 자살시도를 하지만, 자살의 완결은 노인 집단이 훨씬 높다는 것이다. 이는 청소년의 자살이 종종 충동적이며, 자신의 의사를 전달하기 위한 방법으로 자살을 선택하는 경향이 있다면, 노년기에서의 자살은 다른 연령에 비해 자살을 결심하고 시행할 때, 매우 은밀하고 복합적이며 치명적인(황영아, 2014) 방법을 사용하기 때문이다. 실제 노인들은 젊은이들보다 자살시도가 자살로 이어지는 확률이 높다(Nordentofit 등, 1993). 그 비율은 약 4:1로 성인의 경우, 약 20:1인 것(Shneidman, 1969; Wolf, 1970; Steinhausen 등, 2004)과 비교하면 매우 높다고 할 수 있다. 노인층 자살에서 나타나는 이러한 특성은 노인들의 신체적 회복력의 저하, 사회적 고립의 증가, 자살에 대한 확고함의 증가 등으로 설명할 수 있다(황영아, 2014).

3) 결혼상태

결혼한 사람보다 독신인 사람이 자살위험성이 높다(Burtch & Ericson, 1979; Hatton & Valente, 1984; Maris, 1992a; Topp, 1979; 박은옥 외, 2013). 이혼, 별거 혹은 사별한 경우, 결혼한 사람들보다 자살위험성이 높다. 일반적으로 자살률은 사별, 이혼, 독신, 결혼 순으로 높게 나타난다. 결혼은 사회적 고립을 막고, 책임감을 갖게 하며, 자살시도 후 누군가에 의해 발견될 가능성을 높임으로써 자살의 보호요인이 될 수 있다. 그러나 어떤 부부들에게는 결혼이 심한 갈등 혹은 폭력적인 행동 등으로 인해 자살에 대한 보호요인보다는 위험요인 혹은 촉발요인으로 작용할 수도 있다. 여성보다는 남성의 경우에 결혼이 보호요인으로 작용하는 경우가 많다(박은옥, 2014).

4) 정신장애

대부분의 자살은 진단 가능한 정신과적 장애와 연관이 있다(서종한 등, 2012). 만약 정신과적 장애를 가지고 있다면 이는 자살의 중요한 위험요인일 수 있다. 심리부검 연구에 의하면 자살한 사람들의 90% 이상이 자살 당시에 우울증, 양극성 장애, 알코올/약물 중독, 조현병 등을 앓고 있거나 이들 장애를 동시에 경험하고 있었다(Lanceley, 2003). 이러한 정신장애는 임상적 수준의 우울감을 증폭시키고 자살, 불안, 충동성, 분노, 무력감, 절망에 대한 위험성을 증가시킬 수 있다.

5) 신체적 질병

신체적 질병 자체가 자살의 원인이 되는 것은 아니지만, 그 질병을 경험하는 자신을 해석하는 방법에 따라 삶에서 희망의 상실, 소속감의 좌절, 주위 사람들에게 부담을 준다는 자기지각 등으로 인해 절망감을 가지게 되면서 자살행동을 하게 될 수 있다. 암이나 만성 폐쇄성 폐질환, 말기 신장질환, 중증 신경계 질환, 또는 만성통증을 수반하는 질병이나 에이즈 같은 질병은 자살생각, 자살시도 그리고 자살로 인한 사망의 위험성을 증가시킨다(Hughes 등, 2005).

6) 자살방법

자살방법은 총기, 약물복용, 목매기, 투신, 익사, 분신, 교통사고에 의한 자살, 경찰에 의한 자살(의도적으로 경찰의 지시에 따르지 않거나 저항함으로써 총을 쏘도록 유도함) 등으로 구분된다. 남성에 비해 여성은 회복되고 구조될 가능성이 더 높은 방법으로 자살하기 때문에 자살률이 낮다(Weisman & Worden, 1974). 한국 사람들의 자살방법은 목맴, 음독, 투신, 기타 순이다. 자살방법을 성별로 구분하면, 남자는 목맴, 음독, 투신, 기타로 나타났고, 여자는 목맴, 투신, 음독, 기타 순으로 나타났다(국립재난안전연구원, 2013). 자살방법을 연령에 따라 구분하면, 10대는 투신이 가장 많았으며 20대부터는 목맴이 가장 큰 비중을 차지했다. 살충제 음독은 30대까지는 10% 미만으로 나타나지만 연령이 증가함에 따라 증가하였다(자살예방협회, 2011).

3. 자살위기의 특성

육성필(2002)은 사람들의 자살을 명확히 이해하기 위해서는 자살행동을 하는 사람들이 그렇지 않은 사람들과 구별되는 심리적인 과정이나 특성에 대한 연구가 있어야 한다고 지적하였다. 따라서 자살위기개입자들은 자살을 하려고 하는 사람들의 심리를 이해하는 것이 무엇보다 중요하다. 하지만 자살위기의 초기단계에서 자살위기개입자는 개입자들의 역할이 자살을 하려고 하는 사람들의 마음을 근본적으로 변화시키거나 치료하는 역할을 하는 것이 아니라는 것을 명심해야 한다. 현장에서 자살위기에 처한 사람에게 서비스를 해야 하는 경우는 즉각적으로 자살위기를 평가하고 개입하여 위험성을 낮추고 정서적인 안정을 취하게 한 다음 전문가에게 의뢰하는 역할을 해야 한다. 즉, 자살위기개입자는 자살위기에 처한 사람들의 심적 고통을 진정으로 이해하려 노력하고, 그들의 자살위기수준을 감소시켜서 자살행동을 지연시키도록 해야 한다. 자살위기에 처한 사람을 일단 그 위기에서 벗어나도록 하는 것이 선행되어야 하며, 심리치료나 상황에 대한 해결은 연계 후 전문적인 도움을 받을 수 있도록 해야 한다.

다음은 자살위기에 처한 사람들이 나타내는 심리적 특성들이다.

1) 자살위기 상태의 심리적 특성

(1) 경고신호, 자살징후

일반적으로 자살을 생각하고 있는 사람들은 자신의 자살생각, 자살계획 등을 타인에게 알리려고 하지 않는다. Nazario(1994)는 비록 자살에 대한 완벽한 예측과 평가는 어렵지만, 자살하려고 하는 사람들은 자살행동을 하기 전에 '경고신호'를 보낸다고 하였다. 대부분의 연구에서 70%~90% 이상이 자살 전 경고신호를 보내며 언어적·행동적·상황적으로 단서를 제공한다고 한다. 우리나라의 경우 90% 이상이 자신의 자살생각을 언어적, 정서적, 행동적으로 나타내고 있다고 보고하고 있으며, 유가족의 81%가 자살로 사망한 후에야 자살징후를 이해했다고 하였다(중앙심리부검센터, 2016).

자살위기개입자는 자살을 생각하는 사람들이 직접적·적극적으로 도움을 청하거나 이야기하지 않지만, 자살과 관련된 경고사인이나 징후들을 대부분 나타낸다는 것을 인식하고 자살관련 특성들이 나타났을 경우 민감하게 평가하여 적절한 시기에 자살위기에 개입할 수 있어야 한다.

(2) 시간 제한적인 자살생각

자살위기는 일반적으로 시간 제한적이다. 급박한 자살위기에 처한 사람은 약 24~48시간 보다 더 오래 견디기는 힘들다(Chiles & Strosahl, 2004). 자살을 완결하기까지의 긴장감, 공포, 수많은 갈등과 생각들로 인해 장시간을 버티는 것은 힘들다는 것이다. 따라서 현장에서의 자살위기개입 시 위기개입자는 최대한 시간을 끌어 자살하려는 사람의 신체적인 안전을 확보하는 것이 필요하다.

자살위기개입자는 긴박하고 즉각적인 자살위기가 시간 제한적이라는 것을 이해하고, 최대한 시간을 확보하는 것이 중요하다. 시간을 연장하는 방법은 자살위기에 처한 사람들의 이야기를 적극적으로 경청하며, 질문하고 정서적 고통을 최대한 낮추어 주는 것이다. 현재의 자살생각을 지연시키는 것만으로도 자살생각을 감소, 연기 혹은 살아가는 과정에서 더 이상 자살생각을 하지 않게 할 수도 있다.

(3) 심리적 고통으로부터의 도피

자살성(suicidality)을 가진 사람들은 참을 수 없을 만큼 고통스러운 심적 상황에서 벗어나기 위해, 혹은 혼란스러운 마음상태를 끝내기 위해 자살을 선택하려 한다(Schnyder 등, 1999). 달리 말하면 자살행동은 부정적 정서 회피의 극한 형태라고 이해할 수 있다.

자살위기개입자에게는 무엇이 그토록 고통스러워 자살이라는 선택을 하려는지 그들의 이야기를 판단 없이 수용적으로 경청하도록 노력하는 것이 가장 효과적 개입일 수 있다.

(4) 3I(Intolerable, Inescapable, Interminable)

어떤 사람들은 극심한 고통을 경험하게 하는 상황이 변화되지 않을 때 그 고통은 끊임없이 계속될 것이라 생각한다. 자신이 처한 상황이나 환경을 참을 수 없고, 피할 수 없을 것 같으며, 끝나지 않을 것이라 스스로 인식한다 (Chiles & Strosahl, 2004). 자신의 상황을 이렇게 지각하고 있는 사람들은 자살을 시도하지 않더라도 최소한 자살에 대해 생각할 가능성이 높을 수 있다.

따라서 자살위기개입자는 자살위기개입과정에서 자살위기에 처한 사람들이 경험하고 있는 상황을 참을 수 없고, 피할 수 없으며, 끝나지 않을 것이라 생각하는지에 대해 확인하는 것이 필요하다.

(5) 양가감정

자살행동을 하는 사람들은 자살을 시도하기 전에 자신의 자살행동과 관련하여 엄청난 불안, 공포, 갈등을 경험하며, 살아야 하는지 죽어야 하는지 확신이 서지 않아 혼란스러워 한다는 것을 대부분의 사람들은 이해하지 못한다. 자살로 사망하지 않았을 때의 상처에 대한 두려움도 있으며 살고자 하는 강렬한 본능 또한 남아 있다. 자살위기에 처한 사람들이 경험하는 이와 같은 양가감정(Gispert 등, 1987)은 자살위기개입자들이 자살하려는 사람들의 자살행동을 이해하고 개입하는 데 있어서 중요한 열쇠가 된다.

자살위기개입자들은 자살을 생각하는 사람들이 현재가 아니어도 언젠가는 자살을 선택할 수도 있다는 것을 알고 있지만, 오늘 사망한다면 이러한 양가감정에 대한 고려하지 못한 채 생을 마감할 수 있다는 것을 그들에게 인식시켜야 할 필요가 있다. 또한 자살하려는 사람이 자살위기에 처해 있다고 해도 그들이 죽고자 하는 것이 아님을 이해하고, 양가감정에서 살고자 하는 마음에 접근하는 개입이 효과적일 수 있다.

(6) 의사소통의 방법

자살행동은 죽고자 하는 의도보다는 자신의 상태, 자신의 심적 고통의 정도를 알리기 위한 방식의 하나로 선택되기도 한다. 즉, 의사전달의 방법으로 선택하는 것일 수 있는데(한국자살예방협회, 2009), 성인보다는 청소년들이 의사소통의 방법으로 자살행동을 선택하는 경향이 있다. 자살행동의 의도가 자살하려는 것이 아니고 다른 사람에게 영향을 미치려는 것이기 때문일 수 있다(Maris 등, 2000). 자살위기에 처한 사람들은 남에게 자신의 괴로움, 해결하지 못할 것 같은 문제를 말로 알리거나 도움을 청하지 못하고 바로 자살행동을 하는 경향이 있다. 죽음 자체가 자살의 목적이라기보다는 자신의 상태, 즉 죽고 싶을 만큼 힘들고, 누군가에게 도움을 청하려 하는 'cry for help' 행동으로 자살행동을 하는 경우도 있다.

그러므로 자살위기개입자에게는 자살위기에 있는 사람들이 무엇을 알리고 싶어 하는 것인지, 어떤 것을 말하고 싶은지, 어떠한 것을 도움 받고 싶어 자살행동을 하려고 하는지 질문하고, 평가하여 확인하는 작업이 필수적이다.

(7) 통제감, 안도감

자살위기에 처한 사람들은 자신이 어떤 것도 통제할 수 없다고 생각한다 (Rohrbeck 등, 1991). 자살위기에 처한 사람은 자신이 처한 최악의 상황은 해결할 방법이 없고, 다른 대안도 없고, 자신이 통제할 수 있는 것이 아무 것도 없다고 생각한다. 하지만 자신의 목숨만큼은 유일하게 자기 스스로 통제가 가능하다고 생각한다.

자살위기에 놓인 사람들의 심리적 특성 중 하나가 이러한 통제감의 상실이지만, 반대로 통제감을 가지고자 한다는 것이다. 죽을 것인가, 살 것인가를 스스로 결정하고, 어떤 방법으로 죽을 것인가에 대해 계획하는 것을 통해 자신의 통제감을 확인하려 한다. 이러한 특성으로 인해 자살위기에 처한 사람이 자살을 결정하고 나면 통제감을 느껴 불안하거나 우울한 느낌이 일시적으로 사라지고 안도감을 경험하기도 한다. 이때 자살위기개입자, 심지어 정신건강 전문가들조차도 자살위기가 가라앉거나 해소된 것으로 잘못 판단하여 적절한 개입을 하지 못해서 생명을 잃을 수 있다(Richard 등, 2008).

자살위기개입자는 자살위기에 처한 사람들에게 자살이 아닌 다른 것에서 통제감을 가질 수 있다는 것을 인식시켜주는 것이 효과적일 수 있다. 명심할 것은 자살위기에 처해 있는 개인이 갑작스럽게 안도감을 가지고 편안해 보이는 경우 혹은 갑작스럽게 긍정적 태도변화를 보일 때 자살위기상태를 탐색해 보아야 한다.

(8) 문제해결의 방식

미국 샌프란시스코에 있는 금문교에서 자살시도를 하였던 사람들과 인터뷰를 해 보았더니, 대부분 뛰어내리는 순간 후회하고, 뛰어 내리려던 것이 잘못된 생각이었다는 것이 명확해졌다고 하였다. 이들은 자살을 포함한 모든 대안들을 고려하고 자살을 시도했던 것이 아니었다고 하였다(ASSIST, 2003; Ritter, 2005). 자살위기개입자들이 기억해야 할 것은 자살을 시도하려는 대다수의 사람들이 자신이 처한 상황을 해결할 방법이 없어 절망적이라고 인식하며, 다른 대안들이 없을 거라 생각한다는 것이다(Shea, 2002). 자살위기에 처한 개인은 모든 대안을 다 고려해 보았고, 해 볼 수 있는 것은 다 해보았다고 생각하기 때문에 현재 어려움을 겪고 있는 문제해결의 방법은 자살밖에 없다는 굳은 신념을 가지고 있다(Blau & Gullotta, 1996; David Jones 등, 1999). 결국 자살위기에 있는 사람은 최선의 선택을 위해 모든 정보를 가지고 있지 않은 상태에서 자살을 선택한 것이다. 자살위기개입자는 자살을 자신이 가진 문제에 대한 문제해결 방식으로 선택하려는 사람에게 자살이 아닌 다른 대안들을 생각해 볼 수 있도록 도와주어야 한다.

(9) 사건에 대한 주관적 해석

모든 위기는 극히 주관적인 것이며, 자신의 관점에서 느끼는 위기에 압도되는 것이다. 자살위기개입자가 자살위기에 처한 사람들이 인식하는 상황이나 그들이 선택하려는 자살행동을 비합리적이라고 접근하는 것은 도움이 되지 않는다. 왜냐하면 자살을 결심하게 된 과정에서 그들은 수많은 선택과 방법을 강구했고 시도해 보았다고 생각하고 있으며, 자살만이 그들에게는 '최선의 선택'이라고 확신하고 있기 때문이다(Chiles & Strosahl, 2004). 어떠한 논리도 자살하려는 사람들에게는 받아들여지지 않는다는 것을 이해해야 한다. 자신이 생각하는 자살이라는 선택은 합리적이며 자신만의 논리를 갖추고 있다.

결국 자살위기개입자가 자살위기에 처한 사람에게 자신의 논리로 설득하려 하거나 조언을 하거나 설교를 하는 것은 도움이 되지 않는다.

(10) 대인관계

대인관계의 축소와 그로 인한 스트레스로 대인관계 갈등이 발생하며, 대인관계 결핍은 사회적 고립을 야기 시킬 수 있다. 이러한 대인관계 갈등과 문제는 우울감에 영향을 주는 중요한 요인이 된다(Paykel, 1994; Paykel & Cooper, 1992). 우울증과 대인관계와의 관련성은 매우 높다고 할 수 있으며(김은정, 권정혜, 1998; 이정희, 심혜숙, 2007), 지속되는 대인관계 스트레스는 우울증 발생 가능이 그렇지 않은 경우에 비해 6배나 높다(Paykel 등, 1969). 이러한 상태가 지속되고 심해지면 자살을 선택하게 될 확률이 높아지는 것이다.

특히 우리나라의 경우 집단문화에 속하고자 하는 욕구가 크기 때문에 집단 내에서의 대인관계를 매우 중요하게 생각하는 경향이 있다. 노인들의 경우 이러한 소속감의 좌절과 대인관계 결핍으로 인한 우울을 많이 경험하기도 한다. 이로 인해 중증 우울증이 많고, 자살생각, 자살충동 등 자살의 위험성이 매우 높아지기도 한다(Musii 등, 1998; Charlton 등, 2001; 김형수, 2002; 최광현, 2006; 박혜옥 등, 2013).

그러므로 자살위기개입자는 자살위기에 처한 사람들의 최근 대인관계 형태를 탐색하는 것이 중요하다. 가까운 사람들과 지속적인 갈등상황으로 문제가 있었는지, 그로 인해 최근 고립된 생활을 하고 있는지에 주목하는 것이 자살위기 평가를 할 때 중요하다.

(11) 충동성

자살을 시도하는 사람들은 모든 상황에서 자신이 통제력을 상실했다는 생각을 한다. 스트레스를 받는 과정에서 상황에 압도되어 통제력을 잃고, 충동성이 발현되면 순식간에 자살이라는 극단적 선택을 할 확률이 높다.

Joiner(2005)는 자살에 대한 공포를 낮추고 고통에 대한 내성을 증가시키는 요인으로 충동성을 제시하였는데, 충동적인 사람들은 자살을 시도할 때 그렇지 않은 사람들보다 자살에 대한 계획을 덜 세운 상태에서 더 치명적인 방법을 사용할 경향이 있다(Witt, 2008)고 하였다. 청소년의 경우 자살을 충동적으로 시도할 위험이 다른 연령대에 비해 높기 때문에(신민섭, 1990; 고재홍, 윤경한, 2007) 청소년 자살을 예측하는 것은 상대적으로 어렵다. 자살위기개입자는 청소년의 자살위기평가를 할 때, 자살행동은 충동성을 포함할 수 있다는 것을 반드시 고려해야 한다.

(12) 자살에 대한 직접적인 질문

대부분의 전문가들은 "자살 하려고 하나요?"(Divasto et al., 1992; Strentz, 1995)라는 질문이 자살위기 최선의 개입이며 가장 효과적인 방법이라고 주장한다. 자살에 대한 직접적인 질문은 자살위기에 있는 사람들에게는 자신이 이해받았다고 인식된다. 충분히 이해받고, 진심으로 공감해주는 사람과 자살에 대해 직접적으로 질문 받고 이야기하는 것은 자살을 생각하고 있는 사람에게 안도감과 통제감을 제공할 수 있다. 오히려 자살위기개입자가 직접적으로 자살에 대해 이야기하지 못하고 다른 주제에 대해 이야기하려 하거나 당황한 기색을 보인다면, 그들은 다시는 자살생각에 대해 이야기하지 않을 것이며, 자신이 이해받지 못한다고 느끼게 되어 고립되거나 마음을 닫아버릴 것이다. 이로 인해 자살생각이 더욱 심화될 수도 있다.

자살위기개입자가 반드시 알아야 할 것은 자살하려는 사람에게 이러한 질문을 했다고 해서 없던 자살생각이 생기거나 있었던 자살생각이 더 심화되지 않는다는 것이다. 오히려 자살하려는 사람에게 이러한 질문을 직접적으로 하는 자살위기개입자에게는 자신의 솔직한 감정을 털어놓아도 될 것이라는 믿음을 가지게 된다. 이러한 질문들이 자살위기개입에 있어서 가장 직접적이고 효과적인 방법이라 할 수 있다(Strentz, 1995). 물론 이러한 직접적인 질문을 자연스럽고 안정되며 숙련되게 하려면 많은 훈련과 슈퍼비전이 필요하다.

2) 자살의 경고신호

Shneidman, Farberow & Litman(1976)에 의하면 자살을 결심한 사람들은 혼란스러움에 빠지게 되고 거의 대부분이 양가감정을 가지고 있다고 하였다. 그래서 극심한 양가감정과 내적 갈등을 겪는 대부분의 자살위기에 처한 사람들은 자신의 심각하고 은밀한 자살행동과 관련된 단서나 경고신호를 보이고 어떤 방식으로든 직·간접적으로 도움을 요청(Shneidman 등, 1976; Richard, 2005)한다. 자살위기에 대한 경고신호들은 정서적, 언어적, 행동적, 상황적 등 다양한 방법으로 나타난다.

자살위기개입자가 자살을 예방하고 도움을 주기 위해서는 자살행동과 관련된 경고신호들에 대해 숙지하고 민감하게 개입할 수 있어야 한다. 일반적인 자살경고 신호가 인지된다면 적극적인 방법으로 개입을 해야 하는데, 주위에 가용한 네트워크 형성과 함께 지속적인 관심을 가질 수 있도록 해야 한다. 그리고 심각한 자살위기 경고신호가 인지된다면 좀 더 즉각적이고 적극적 방법으로 개입하여 의뢰시스템까지 가동할 수 있어야 한다.

(1) 일반적인 자살경고 신호들

자살위기에 처한 사람들은 그들의 자살생각, 자살계획을 매우 은밀하고 비밀리에 하고 있다고 생각하지만, 대부분은 경고신호를 자신도 모르게 나타내고 있다. 노인들의 경우는 자살하기 전날까지도 일반 병원을 내원하기도 하고, 여러 가지 징후들을 나타내기도 한다. 다음은 자살위기에 처한 사람들이 일반적으로 나타내는 자살경고신호들이다.

① 수면, 식욕 등 일상적 행동패턴의 변화
평소와 다른 패턴으로 나타나며, 수면(과수면 혹은 수면부족)의 문제와 식사 또한 과식 혹은 식사를 잘 하지 못하는 경우

② 흥미감소

평소에 흥미 있어 하던 것에 갑자기 흥미를 잃거나, 성욕도 저하되고 매사에 흥미를 잃는 경우

③ 집중의 어려움, 사소한 결정의 어려움

학업, 직장생활 등에서 집중의 어려움을 나타내어 학업 혹은 업무수행에 어려움이 있고 일상생활에서 필요한 사소한 결정도 내리지 못하여 불편함을 경험하는 경우

④ 업무수행 능력 저하

업무 수행에 어려움이 있어 업무능력이 저하되고 곤란을 경험하는 경우

⑤ 음주, 흡연의 증가

음주나 흡연을 새로 시작하거나 평소보다 음주량 혹은 흡연량이 증가하는 경우

⑥ 대인관계 감소

평소 친밀하게 지냈던 주위사람들과 소원해지고 모임 등에 참석하지 않게 되며 대인관계 갈등이 생기고, 그로 인한 스트레스가 야기되는 경우

⑦ 일상적이지 않은 행동

상식적이지 않거나 평소에 하지 않던 행동들을 하는 경우

⑧ 흐트러진 외모

청결에 신경을 쓰지 않거나 적절하지 않은 의복을 하고, 외모에 신경 쓰지 않는 경우

⑨ 감정상태의 변화

평소와는 다른 감정상태, 우울감, 불안, 무기력감, 슬픔, 분노, 죄책감, 수치심, 절망감, 무망감, 외로움, 멍 때림, 무가치함을 느끼며 이유 없이 화를 내거나 짜증을 내는 경우

⑩ 자살한 사람이나 자살방법에 대한 질문

자살로 사망한 사람, 특히 유명인에 대한 질문을 하거나 자살방법에 대해 주위사람들에게 물어보는 경우

(2) 심각한 자살경고 신호들

① 자살할 것이라는 직접적 언급이나, 암시하는 행동들

언어적으로 자살을 직접적으로 언급하는 말 혹은 행동을 하는 경우

② 자살에 사용할 도구 확보와 구체적 계획을 세움

자살에 사용할 도구들을 구입해 두거나 구체적으로 자살방법, 시간, 장소 등에 대해 계획하고 있는 경우

③ 죽음과 관련된 영화, 음악, 시, 소설 등에 과도하게 몰입

자살 혹은 죽음과 관련된 영화, 음악이나 시 등에 몰입하고 이에 대한 자신의 글 등을 메모지에 남기는 경우

④ 평소 소중히 여기던 물건을 남에게 나누어 줌

자신이 중요하게 여기고 소장했던 것들을 주위에 친하게 지냈던 사람들에게 나누어 주는 경우

⑤ 어긋났던 관계 개선 노력, 신변정리

평소에 사이가 좋지 않아서 관계를 가지지 않았는데 관계를 개선하려 노력하고 자신이 해야 할 일이나 약속했던 일 등 신변을 정리하는 경우

3) 자살의 단서

(1) 언어적 단서들

• "죽기로 마음먹었어."
• "죽고 싶어."
• "자살할 거야."
• "전부 정리할 거야."
• "만일 (어떤 일이) 일어나지 않으면 죽어 버릴 거야."
• "난 죽어 버릴 거야."
• "난 너무 지쳤어. 더 이상 버틸 수가 없어."
• "우리 가족들은 내가 없는 편이 더 나을 거야."
• "내가 죽어도 누가 신경이나 쓰겠어?"
• "도망치고 싶어."
• "더 이상 견딜 수가 없어."
• "이제 곧 나에 대해서 걱정할 필요 없게 될 거야."

(2) 행동적 단서들

• 이전의 자살 시도
• 약을 모으거나 자살관련 도구를 구입
• 동반된 우울감이나 절망감
• 개인적 일들을 정리
• 소중히 여기던 물건을 다른 사람에게 줌
• 갑자기 종교에 관심을 보이거나 관심이 없어짐
• 약물이나 알코올 남용 또는 이로부터 회복되었다가 재발
• 예측할 수 없는 분노, 공격성, 그리고 불안정성

(3) 상황적 단서들

• 해고되거나 학교에서 퇴학당함

- 법적 문제에 연루되거나 구속을 당할 위험
- 최근에 어쩔 수 없이 이사함
- 중요한 관계의 상실
- 배우자, 자녀나 가장 친한 친구의 죽음, 특히 자살로 사망한 경우
- 심각한 말기 질환을 진단받음
- 갑자기 자유를 잃거나 처벌을 받을 것이라는 두려움을 느끼는 경우
- 심각한 경제적 어려움을 겪을 것이 예상되는 상황
- 믿었던 상담자나 치료자 또는 믿고 따르던 사람이 떠남
- 다른 사람들에게 짐이 될 것에 대해 두려움을 느낌

자살위기로 인한 반응

자살위기에 처한 사람들은 자신의 자살위기 상태를 정서적, 인지적, 행동적으로 나타내는 데, 한 가지 혹은 여러 가지를 동시에 나타낼 수 있다. 그러므로 자살위기개입전문가들은 자살위기에 처했을 때 개인에 따라 다르게 반응한다는 것을 숙지하고 이해하며 이에 따라 적절히 개입하는 것이 필요하다.

1. 정서적 반응

1) 정서적 반응 사례

16세 ○○○양은 최근 은따를 당하고 있다. 반 친구가 전체 카톡방에 자신을 넣지 않았으며, 모둠조에서도 자신의 역할을 주지 않는 등 힘든 나날을 보내고 있다. 친구들과 이야기하는 것도 두렵고, 눈치를 보게 되며, 모두가 자신을 미워하는 것 같다고 느끼고 있다. 너무 억울하고 화가 나서 참기가 힘들고 너무 우울해지고 눈물만 난다. 하루하루가 지옥처럼 느껴진다. 부모님이 걱정하실까봐 이야기 할 수도 없고, 학교에 가서 이야기하게 되면 더한 왕따를 당할 것 같아 두렵다. 이 상황에서 벗어날 수 있는 어떤 방법도 생각나지 않는다. 먹는 것으로 스트레스를 해결하다 보니 살도 찌고, 살이 쪄가는 자신의 모습으로 인해 더한 좌절감을 가지게 된다.

이렇게 사느니 죽는 게 낫겠다고 생각한다. 이 모든 것이 자신을 왕따 시킨 그 아이 때문인 것 같다. 그 아이가 너무 밉고 유서를 쓸 때 그 아이의 이름을 넣을까 생각도 해보았다. 그저 억울하고 화가 나며 슬프기만 하다. 아무 것도 할 수가 없다. 방관자적인 태도를 취하고 있던 짝은 내심 ○○○가 걱정이 된다. 최근 ○○○가 자주 울고, 멍 때리고 있으며 창가만 쳐다보는 것이 불안하다. 자신이 위로하고 이야기를 들어주면 자신도 왕따를 당할까봐 그러지도 못한다. 생각하다 못해 Wee클래스 상담선생님께 쪽지를 통해 알렸다.

자살위기개입 훈련을 받은 Wee클래스 선생님은 ○○○를 조용히 불러서 이야기를 해보기로 하였다. ○○○은 자신의 이야기를 어느 누구도 들어주지 않아서 감정적 반응으로 분노, 억울함, 슬픔, 우울감, 좌절감 등을 경험하고 있다. 위기개입자인 Wee클래스 선생님은 이러한 반응들을 인식하고 개입을 해야 할 필요가 있다고 생각한다. ○○○은 자신을 이유 없이 왕따 시킨 친구들에게 적대감과 심리적 보복을 생각할 만큼 화가 나 있으며, 모두가 자신을 미워하는 것 같아 슬프고 우울하다. 이러한 정서적 반응(분노, 우울감, 수치심 등)이 자살생각을 하게 한 것으로 보인다. 청소년 시기에는 'cry for help'의 방법으로(Williams, 1997), 또는 자신의 심적인 고통을 누군가에게 알리고 싶은 의사전달의 목적으로도 자살을 생각하기도 하며(DePaulo et al., 1983; 김혜경, 2012), 부정적으로 인식된 자신과 부정적 감정으로부터 탈출하기 위해(Baumeister, 1990) 자살과 같은 자기파괴적인 행동을 하기도 한다(신민섭 외, 1991).

자살위기 개입훈련을 받은 Wee클래스 선생님은 이러한 정서적 반응들을 평가하기 위해서 ○○○의 이야기에 집중하기로 한다. 일반적으로 위기 상황, 특히 자살위기에서는 인지적인 부분보다는 정서적 반응으로 크게 표현되는데, 자살위기에 처한 ○○○의 감정 표현을 받아주고 분출할 수 있도록 돕는 것이 중요하다는 것을 알고 있다.

2) 정서적 반응에 대한 이해

일반적으로 자살위기에 처하게 되면 자살위기에 처한 사람의 정서적, 혹은 감정적 반응을 통해 식별하는 것이 가장 쉽다. 많은 경우 자신의 느낌을 자살위기개입자에게 단순하게 이야기한다. "내 인생은 절망적이에요. 더 이상 방법이 없어요.", "너무 우울하고 무기력해서 사는 게 지겨워요.", "나는 왜 이 모양인지, 매사에 화가 나요. 화가 나서 견딜 수가 없네요."라고 이야기하곤 한다. 이런 말들은 자살위기에 처한 사람들의 정서적 반응을 결정하기에 훨씬 용이하게 하는데, 특히 개입 초반에 이러한 말이 여러 번 반복되는 경우는 더 그렇다.

자살위기개입자는 자살위기에 처한 사람들이 감정을 표현할 때, 예를 들어 너무나 우울하고 절망적이라고 표현하는 대신, 통증이 수반되는 신체적 불편을 호소하는 경우도 있다는 것을 이해하고 있어야 한다(예: 노인들의 경우 자살의 징후로 신체적인 불편감을 호소하며 일반 개업의를 찾는 경우가 흔하다.). 따라서 만약 이러한 표현이 감정의 표현이라면, 이 신체적 불편이 정서적 반응에 의한 것일 수도 있다.

자살위기에 처한 사람은 많이 우울할 수 있고, 말을 하지 않는 경우도 있으며, 분노로 소리를 지를 수도 있고, 감정을 주체할 수 없어 흐느껴 울 수도 있다. 또한 그러한 감정들을 직접적으로 자살위기개입전문가에게 폭발시킬 수도 있다. 만약 자살위기개입자가 이러한 정서적 반응에 대한 이해가 되어 있지 않다면, 자살위기에 처한 사람들의 반응과 감정표현으로 인해 당황할 수도 있다. 이러한 과도한 정서적 반응은 자살위기개입자의 감정을 불편하게 할 수도 있고, 감정절제가 안될 수도 있으며, 인내심의 한계를 느낄 수도 있다. 하지만 자살위기개입자는 이러한 감정표현들이 자살위기에 처한 사람에게 해롭지 않다는 확신을 주어야 한다(Kleespies, Deleppo, Mori, & Niels, 1998). 자살위기에 처한 상황에서 감정표현을 차단하거나 무시, 회피하는 것은 장기간의 정신건강 문제를 야기할 수 있다(James & Gilland, 2001). 따라서 자살위기개입자는 위기상황에서의 감정반응에 대한 이해가 있어야 하고, 그들의 정서적 표현을 편안히 할 수 있도록 지지적이고, 감정 분출을 적절히 조절할 수 있도록 버텨 주어야 한다.

NAMHC(National Advisory Mental Health Council)에 따르면 사랑, 기쁨, 놀람, 분노, 불안, 슬픔 등 여섯 가지 감정을 원초적 감정으로 규정하고 있다. 이러한 원초적 감정 중에 분노, 불안, 슬픔 이외에 우울감, 절망감, 무망감이 더해지면 자살위기가 될 수 있다. 이러한 일반적 감정에 대한 보편성은 자살위기에 처한 사람들의 반응을 이해하는데 도움이 될 수 있다. 하지만 위기에 처한 사람들이 이 중 어떤 감정반응을 표현할지 일반적으로 추정하는 것보다는 그들이 표현하고 말하는 감정에 집중하고 단순하게 반응하는 것이 더 효과적일 수 있다.

일단 자살위기에 처한 사람의 정서적 반응이 평가되면, 자살위기개입자는 자살위기에 처한 사람에게 그들이 경험하는 감정들을 정상화(normalization), 타당화(validation) 시켜주는 것이 효과적이다(예: "그렇게 힘든 일을 경험하면 자살을 생각할 수도 있어요. 많은 사람들이 그래요. 지금 그런 느낌을 가지는 것이 당신이 생각하는 것처럼 이상하거나 비정상적인 게 아니에요. 지금 어떤 느낌인지 저에게 구체적으로 이야기해 주실 수 있으세요?"). 그리고 그들이 경험하는 감정들을 인식하고 그 감정의 강도를 낮추도록 도와주는 자살위기개입에 초점을 맞추어야 한다.

3) 정서적 반응의 이해에서 고려해야 할 사항들

(1) 정서와 기분

자살위기에 처한 사람들의 지배적인 정서적 반응을 확인하려면 정서와 기분을 구분하는 것은 물론이고 두 가지 모두를 관찰해야 한다. 정서는 자살위기에서 경험하는 지배적인 느낌이라 할 수 있으며 시간이 좀 더 제한적이라 할 수 있다. 기분은 보다 광범위하고 지속적인 느낌을 말한다. 자살위기개입자는 자살위기에 처한 사람들의 정서를 민감하게 인지해야 한다. 예를 들어, 자살위기에 처하면서 불안한 정서가 기분을 매우 불안정하게 하는 수준이라면, 그들은 자살의 위험이 있을 수 있다. 이런 경우 안전을 추구하는 위기개입전략이 필요하다.

(2) 언어적, 비언어적 행동 사용

첫 개입 시, 잠재적 자살위기에 처한 사람은 정서적 반응을 언어로 표현하지 않을 수 있기 때문에 정서적 반응을 파악하기 위해서는 비언어적 행동을 관찰해야 한다. 능숙하지 않은 자살위기개입자는 비언어적으로 표현된 감정을 식별하는 것이 어려울 수 있다. 하지만 자살위기개입자는 비언어적 단서에 주목하고 훈련을 통해 핵심적인 정서적 반응을 빠르고 정확하게 인식할 수 있도록 노력해야 한다.

전화로 상담하는 경우에는 비언어적 행동을 지각하기 위해서 시각을 사용할 수가 없다. 대신 자살위기개입자는 전화로 대화할 때 비언어적 언어를 평가하기 위한 질문을 이용해야 하고, 배경 소음을 듣고 해석한 것을 확인하기 위한 질문을 한다. 예를 들어, 조용히 움직이지 않는 상태가 아니라 왔다 갔다 하는 움직임이 느껴진다면, 그것은 화가 나 있거나 불안하다는 것을 알려줄 수 있다. 자살위기개입자는 그 움직임에 대해 자신의 해석을 "불안하신 것 같네요."라고 감정을 반영하여 확인해 볼 수 있다. 헐떡거림은 불안을 의미하고, 코를 훌쩍이는 소리는 슬픔을 의미할 수 있다. 주위의 소음을 듣고, 그 소리의 의미를 지속적으로 확인함으로써 자살위기개입자는 비언어적 행동에 주의를 기울일 수 있다. 전화접촉의 또 다른 문제는 침묵을 해석하는 법이다. 전화상의 침묵은 직접 마주하여 개입할 때보다 해석하기가 더욱 애매모호하다. 침묵이 진행되면 자살위기개입자는 통화하고 있는 사람에게 무슨 일이 있는지 물어 보아야 한다. "지금 무슨 일인가요?"라고 하거나 "~이야기 이후에 말씀이 없으시네요." 같은 직접적인 질문이 위기에 처한 사람의 침묵과 감정 표현의 의미를 언어화하는 데 도움을 줄 수 있다.

순간적이고 충동적으로 자살행동을 할 수 있고, 자살을 결심한 경우 행동을 하는데 많은 시간이 걸리지 않는다. 따라서 질문을 통해 이야기를 이어가는 것은 자살위기에 처한 사람에게 시간을 가지게 할 기회를 주며, 자살생각이 지연되거나 감소될 가능성을 제공한다.

(3) 음색(voice quality)

음색 또한 자살위기에 처한 사람의 정서반응을 평가하는 중요한 단서를 제공한다. Siegman은 성량과 말의 속도가 특별한 정서와 상호관계가 있다고 하였다. 연구자들은 정서적 자극이 고조된 상태에서도 사람에 따라 말하는 패턴이 각자 다르다는 걸 발견했다. 화가 난 사람들은 호흡이 짧고 목소리가 커지며 말의 속도가 빨라진다. 불안한 사람은 말을 점점 빨리하며, 목소리를 높이고, 길게 숨을 쉬지 않는다. 마지막으로 슬픈 사람은 느리고 부드럽게 말한다.

이런 일반적 특성들은 자살위기개입자가 자살위기상황에서 자살위기에 처한 사람의 정서적 반응을 결정할 때 유용할 수 있다.

4) 자살위기개입자의 역할

다음은 자살위기개입자가 자살위기에 처한 사람들의 정서반응을 확인하는 과정에서 균형 있는 진행과, 라포 형성에 유용한 지침들이다.

(1) 정서적 분출을 도와라

자살위기개입자는 자살위기에 처한 사람의 분노를 인정해 줄 필요가 있지만, 분노를 외부로 분출하는 것에 대해서는 행동적 한계를 분명하게 정해야 한다. 행동적 한계에는 그들 자신 또는 타인에게 해를 줄 수 있는 행동이 포함되는데, 분노의 감정을 이해해주고 공감해 주는 것이 중요하지만 공격적 행동의 한계에 대해서는 분명하게 설명할 필요가 있다.

① 분노를 경험하는 경우

일차적 정서반응이 분노인 자살위기에 처한 사람과는 신체적 접촉을 하지 않는 것이 안전하다. 핵심 감정이 분노라면, 자살위기개입자는 적어도 한

팔 정도의 거리를 유지하며, 직접적이고 구체적인 질문을 함으로써 분노 수준을 감소시킬 수 있다.

② 불안을 경험하는 경우

일차적 정서반응이 불안인 자살위기에 처한 사람에게는 개입과정이 보다 구조적이어야 한다. 구조적이고 체계적인 시스템은 불안을 덜어줄 수 있고, 수집할 수 있는 정보가 많아진다. 불안해하는 자살위기에 처한 사람에게는 그들이 안전하고, 지지적인 환경에 있다고 재확인시켜 주는 것이 감정의 표현을 용이하게 한다.

③ 슬픔을 경험하는 경우

슬픔이 지배적인 감정인 자살위기에 처한 사람에게는 자살위기개입자가 인내심을 가지고 지속적으로 지지적이어야 한다. 자살위기에 처한 사람들이 자신들의 이야기를 할 수 있는 충분한 시간을 제공하고 공감적 경청을 통해 공감을 하고 있다는 것이 전달되어야 한다. 최대한 그들의 이야기를 판단하거나 평가하지 않으며 조언, 설득, 설교를 해서는 안 된다. 자살위기에 처한 사람들이 경험하는 슬픈 감정을 충분히 분출할 수 있도록 돕는 것이 필요하다.

(2) 질문하기

자살위기에 처한 사람의 정서적 반응을 분류하기 위하여 질문과 진술을 적절하게 이용하는 것이 도움이 된다. 두 가지를 결합한 정보는 자살위기개입자가 위기에 대한 정서적 반응을 정확히 평가하는 데 유용하다. 특히 자살위기에 처한 사람은 혼란스러울 수 있고 자신의 감정에 압도당하거나, 자기 느낌을 인식하지 못할 수도 있으며, 자살위기를 최소화 내지는 합리화할 수 있다. 이러한 경우라면 폐쇄형 질문을 하는 것이 도움이 되기도 한다. 진술을 명확히 하려는 것은 자살위기개입자가 자살위기에 처한 사람들의 정서적 반응을 보다 분명하게 하려는 것이다.

자살위기개입자는 자살하려는 사람의 비언어적 행동과 음색에 주목하면서 "당신은 ~이렇게 느끼는 것 같아요." 또는 "당신은 ~것 같은 생각이 드네요." 와 같은 말들을 이용하기도 한다.

특히 자살위기에 처한 사람에게는 질문이 중요하다. 질문을 통해 현재 자살위기에서 경험하는 불안, 공포 등의 감정을 자유롭고 구체적으로 표현할 수 있도록 한다. 자살위기에서 질문에 의한 감정 표출은 자살위험수준을 낮추는데 큰 역할을 하게 된다는 것을 명심할 필요가 있다.

2. 인지적 반응

1) 인지적 반응 사례

76세 ○○○ 어르신은 1년 전에 사랑하던 부인이 지병으로 사망하였다. 자식에게 맡기지 않고 병중에 있는 부인간호를 직접 3년 하였으며, 진심으로 부인을 떠나보내기 싫었다. 사별 후에 유품도 정리하지 않은 채 그대로 보관하고 있으며, 한번 씩 부인이 살아있다고 착각하기도 한다. 병 수발을 하는 동안 더 잘해주지 못한 것에 죄책감도 가지고 있다.

최근 부인의 기일이 돌아오면서 식사도 할 수 없으며 잠도 이루지 못하고 술로 하루하루를 버티고 있다. 부인의 기일에 부인을 따라 세상을 하직해야 겠다는 생각이 멈추지 않는다. 제초제도 사놓았다. 하지만 자식들에게 할 짓이 아닌 것 같아 주저하고 있다. 그러면서도 자식이나 주위사람들에게는 늘 활발하고 잘 사는 것처럼 행동한다. 자식들조차 아버지가 잘 적응하고 사신다고 생각한다. ○○○ 어르신은 남들에게 부인을 잊지 못하여 울거나, 자살 생각을 한다는 사실이 알려지기 원하지 않는다. 주위 사람들에게 자신이 나약해 보이는 게 싫고, 강해야 한다는 생각을 한다. 그래서 규칙적인 생활을 하고 노인복지관도 매일 나가서 친구들과 어울리곤 하였다. 그러나 술로 나날을 보내면서, 식사와 수면에 문제가 생기고 건강에 이상이 왔다. 자식들이 병원에 모시고 가서 진찰을 하였으나, 의사는 스트레스와 위염이 있는 것 외에는 크게 이상이 있지 않다고 하였다.

최근 매일 다니던 노인복지관에 나오는 횟수가 줄기 시작하면서 ○○○

사회복지사는 어르신의 집에 방문하였다. 그러나 자신은 아무 이상 없다고 하며, 그냥 부인 기일이 돌아오니 좀 슬프고 우울한 것뿐이라며 괜찮다고 오히려 식사대접까지 해주었다.

부인과 사별한 어르신의 사례는 자살위기에 대한 인지반응을 평가하기가 매우 어렵다는 것을 보여준다. 자살위기개입자가 이 상황에서 어르신의 가장 핵심적인 문제가 무엇인지 놓칠 가능성이 있다. 인지적 반응은 무시된 채, 다만 부인과 사별하셔서 슬프고 힘들어서 식사를 제대로 못하고 잠을 제대로 자지 못해서 최근 위염이 생겼고 그래서 복지관을 잘 안 나오는 것으로 판단할 수 있다. 지금 ○○○ 어르신과의 면담에서 가장 핵심적인 것은 자살생각과 자살계획을 확인하는 것이지만 상대적으로 위기를 평가하기 쉬운 정서적 반응과 행동적 반응에도 집중해야 한다. 중요한 것은 이 사례의 경우 ○○○ 어르신의 인지적 반응을 정확히 파악해야 한다.

○○○ 어르신이 주위의 관심 속에 정서적 반응이 가라앉고 위염증세가 나아지게 되면 자살위기개입자를 포함한 주변 사람들은 자살위기상황이 끝났다고 생각할 수 있다. 그러나 인지적 반응에 주목하지 않으면 기일 혹은 어르신이 지각하는 스트레스 상황이 올 때 심리적, 정신적 문제가 표면으로 드러날 수도 있다(Meichenbaum & Fitzpatrick, 1993). ○○○ 어르신의 중요한 인지적 반응은 부인 없이 혼자 살아갈 이유를 찾지 못하고 무기력해지는 자신의 상태를 자식들이나 주위사람들에게 알리고 싶어 하지 않으며 여전히 강해 보이려고 하는 것이다. 이러한 이유로 인해 자살생각, 구체적인 자살계획을 하고 있다는 것이 경고사인이나 징후로 잘 나타나지 않는다. 노인자살의 특성상 젊은 층에 비해 자신의 자살생각을 덜 알리고(Conwell 등, 1998), 매우 치밀하게 준비하여 발견이 용이하지 않을 수 있다. 당장의 우울감과 식사, 수면문제를 약물로 해결하여 우울한 기분이 잠시 가라앉았지만 단지 자살생각이 지연된 것이지 자살생각이 없어진 것은 아닐 수 있다. 따라서 자살위기개입에서는 이러한 자살생각, 자살계획에 대해 ○○○ 어르신에게 직접적인 질문을 통해서 도움을 받으면 나약한 것이고, 다른 사람들에게 짐이 될 것이

라는 어르신의 인지적 상태를 재구조화 하는 개입을 해야 한다.

2) 인지적 반응의 이해

자살위기에 처한 사람들의 인지적 반응은 자살위기개입자들에 의해 흔히 무시되기도 한다. 대부분의 경우 자살위기개입자들은 자살위기에 처한 사람들의 정서적, 행동적 반응에 더 집중하는 경향이 있고, 이것이 개입과정에서 우선되어야 한다고 믿는다. 자살위기에 처한 사람이 자신의 감정을 조절할 수 있게 되고, 자살위기상황 이전의 생활로 돌아간다면 사실 자살위기상황과 자살위기개입은 종료된 것이다. 자살위기개입의 목적은 자살위기상황에서의 정서적 안정화와 이전 생활수준의 기능으로 돌아가는 것이다.

그런데 자살위기를 경험했던 사람들은 자살행동에 영향을 미쳤던 스트레스나 압도되는 스트레스가 지속되는 상황에 취약하여 자살위기 상태에 반복적으로 노출될 위험이 크다. 따라서, 인지적 반응에 대처하지 않고 정서, 행동의 초기 회복만을 하는 경우 자살위기이전의 기능수준보다 더 낮은 기능으로 만성화될 가능성이 크다.

3) 인지적 반응의 이해에서 고려해야 할 사항들

자살위기에 처한 사람들의 인지적 반응과 그 위기에 영향을 받은 삶의 환경을 이해하는 것은 자살위기개입자가 위기개입의 목표를 정할 때 유용하다. 자살위기개입자는 어떤 부분이 먼저 이야기 되어야 하고, 개입과정이 어떻게 진행되어야 할지를 결정하기 위하여 자살위기에 처한 사람들이 경험하는 인지적 반응의 심각성을 고려해야 한다. 자살위기개입자의 인지적 반응에 대한 고려는 현재의 파괴적인 행동(예: 자해, 자살 등)을 예방할 뿐만 아니라 미래에 생길 수도 있는 심리적 문제에 대처하기 위해 필요하다. 효과적인 자살위기개입을 위해 다음과 같은 사항들을 정확히 파악해야 할 필요가 있다.

(1) 사고방식

자살위기에 처한 사람이 자신의 이야기를 맥락에 맞게 논리적으로 이야기할 수 있는지를 잘 관찰해야 한다. 특히 노인인 경우는 대상자의 인지적 기능을 더 면밀하게 파악할 필요가 있다.

자살위기에 처한 사람이 너무 상세한 세부사항을 말한다든지, 문장 중간에 주제를 바꾼다든지, 한 가지 사고 또는 개념에 집착한다든지, 정보를 다시 기억해 낼 수 없다든지 하는 반응들은 특별히 주목해야 할 부분이다. 때때로 너무나 사소한 사항까지 설명하려고 고집할 수도 있다. 이런 상황은 자살위기가 너무 압도적이어서 자살위기 사건 자체를 피하기 위해 다른 세부사항에 집착하고 있기 때문일 수 있다.

자살위기개입자는 자살위기에 처한 사람들이 이런 식으로 이야기하는 것에 대해서 인내심을 가져야 하며, 과도하게 압박하지 않아야 한다. 자살위기에 처한 사람이 과도하게 압박받았다고 느끼게 되면 공감을 얻지 못했다고 느끼기 때문에 자신의 이야기를 말하는 것을 꺼리게 된다. 하지만 전혀 압박하지 않는 것이 전적으로 효율적이지는 않다. 자살위기에 처한 사람의 사고 속도를 인내하고 기다려줘야 하는 것과 평가과정이 원활히 진행되도록 필요한 질문을 하는 것 사이에서 적절한 균형을 유지해야 한다. 자살위기에 처한 사람의 사고방식에 따라 다음과 같은 방법을 사용할 수 있다.

① 세부사항에 너무 몰두하는 경우

인지적 반응을 확인하는 과정이 좀 더 구조적이어야 한다. 자살위기개입자는 자살위기에 처한 사람들에게 가장 적절한 도움을 제공하기 위해 구체적인 정보를 얻는다. 이럴 때, 자살위기개입자는 정보를 적절한 시기에 얻고자 일련의 질문들을 통해 필요한 정보를 얻도록 하는 것이 중요하다. 만약 자살위기에 처한 사람이 감정적으로 압도되어 있고 인지적으로 불안하여 많은 질문이나 막연한 질문에 대답하기 힘들어 하는 경우도 있으므로 최대한 대상자의 상태 파악이 우선 되어야 한다.

② 대화 도중에 중단하거나, 완전히 다른 주제에 대해 이야기하는 경우

이러한 경우 자살관련 이야기를 피하는 것일 수 있다. 이런 반응들에 민

감하다면 자살위기개입자는 중요한 정보가 숨겨지거나 모두 삭제되었을 수도 있다는 것을 경계해야 한다. 그런데 자살위기개입자는 자살위기에 처한 사람에게 정확히 무슨 일이 있었는지 묻고 싶을 수도 있다. 놓친 정보를 일깨워 줄 수 있는 질문으로는 다음과 같은 것이 있다. "방금 무슨 생각을 하시는 것 같던데 그게 뭐였죠?", "말씀 중간에 멈췄을 때 무언가 매우 중요한 일을 생각하고 있었던 것 같은데, 어떠세요?", "방금 말을 중단하셨는데, 왜 그러셨는지 말씀해 주실 수 있어요?"

물론 다른 질문들도 할 수 있겠지만, 여기 제시된 질문들은 보편적으로 효과적이고 위협적이지 않은 질문들이다. 대개 문장을 마치지 않거나 주제를 자주 바꿀수록 인지적 반응은 좀 더 심각할 수 있다.

③ 덜 고통스러운 부분만 이야기하는 경우

자살위기개입자는 알려진 정보뿐 아니라 자살위기에 처한 사람이 피하려 하는 정보가 무엇인지에도 민감해야 한다. 그래서 면담 과정에서는 이런 것들에 대해 이야기해도 괜찮다는 느낌을 받을 만큼 안전하고 지지적인 환경을 조성하는 것이 우선 되어야 한다. 자살위기개입자는 그들이 경험하는 인지적 반응들에 대해 정서적 반응을 보일 때와 마찬가지로 정상화(normalization), 타당화(validation)함으로써 편안한 분위기를 조성할 수 있다.

"그런 생각을 하셨다면 아주 힘드셨겠어요.", "그렇게 생각하실 만큼 어려우셨을 겁니다."등의 말들은 라포 형성에 유용하게 작용할 것이다.

④ 정보를 재생할 수 없는 경우

자살위기에 처한 사람이 정보를 기억하지 못하거나 정보가 정확하지 못할 경우는 심각한 인지적 반응으로 평가해야 한다. 아주 심한 스트레스 상황이거나 급박하고 심각한 상황인 경우 일시적으로 전화번호, 주소, 가족들의 이름, 그들의 나이 등 가장 기본적인 정보도 기억하지 못하기도 한다. 이런 경우는 구체적인 정보를 얻기 위해 직접적인 질문(폐쇄형 질문)을 할 필요도 있다. 심각한 인지적 반응을 보이는 경우, 일반적 질문에는 답하기 어려워하지만 구체적 정보에 대한 질문에는 좀 더 편하게 대답할 수 있다. 또한 놓친 정보들을 채워 줄 다른 사람들(가족, 친지, 친구, 위기상황과 밀접하게 연관되어 있는 사람 등)의 도움을 받을 수도 있다. 그리고 대상자들의 지갑이나 가방 안에 이런 정보들을 가지고 있을 수도 있다는 것을 기억하는 것이 중요하다.

"오늘 ~한 이유로 그 곳에 가셨었던 거죠?"

"~한 일로 매우 충격을 받으셨나요?"

"~한 것 때문에 화가 나셨었나봐요."

다음과 같은 폐쇄형 질문은 정보를 얻거나 자살위기에 처한 사람을 안정시킬 수 있다.

(2) 사고 내용

사고의 내용 또는 자기보고, 타인의 보고들은 자살위기에 처한 사람들의 인지적 반응을 평가하는 데 활용될 수 있다. 이런 정보는 두 가지 방법을 통해 얻을 수 있다. 첫째, 자살위기개입자는 단순히 관찰하면서 듣고 이야기 내용을 잘 추론해 내기만 하면 된다. 예를 들어, 자살위험에 처한 사람이 위기상황 후 기억, 물건 등을 잘 잃어버린다는 얘기를 했다면 그들은 자물쇠 번호나 이메일 비밀번호와 컴퓨터와 관련된 활동들을 기억하는 데 어려움을 겪고 있다는 것이다. 이런 종류의 문제들을 잘 경청하면 자살위기개입자가 자살위기에 처한 사람들의 인지적 반응의 심각성을 평가하는데 도움이 될 것이다. 이와 관련된 문제들에 대해 더 많이 불평하면 인지적 반응은 더 심각한 것이다. 편한 마음을 가질 수 있도록 최대한 따뜻하고 수용적 태도로 대해 주어야 하며, 기억나지 않는 기억들로 인해 당황해 한다면 대상자가 경험하는 상황에서는 그럴 수 있다는 것을 이해시키고 안정을 취할 수 있도록 해 주어야 한다.

자살위기개입자는 이러한 경우 첫째, 자살위기에 처한 사람들이 일상생활의 활동들을 수행해내는 능력과 개인위생 상태를 우선 주목해야 한다. 단순히 몸단장의 수준을 알아차리고 언제 마지막으로 먹고, 씻었는지 묻기만 해도 자살위기상황에 대한 그들의 인지적 반응의 심각성을 제대로 확인할 수 있다. 자살위기에 처한 사람의 일상생활 영위를 위한 사회 통념적 활동, 수행능력이 낮을수록 인지적 반응의 심각성은 높다고 할 수 있다.

둘째, 자살위기에 처한 사람이 위기상황에 대한 해석을 어떻게 하고 있는지 인지적 반응의 심각성을 판단하기 위해 직접적인 질문을 할 수도 있다. 이때 자살위기개입자의 가치를 강요하지 않도록 주의해야 한다. 대신에 자살위기에 있는 사람들이 이 위기상황을 예방할 수 있었는지/예방해야만 했었는지, 도움 없이 상황을 해결할 수 있었는지/해결했어야 했는지에 대한 지각에 중점을 두어야 한다.

하지만 자살위기에 처한 사람들의 자살위기에 대한 개인 각각의 반응은 너무나 개별적이며 독특하다는 점(Hoff, 1995)을 간과해선 안 된다. 사람들이 자살위기에 처했을 경우 문화, 경험, 그리고 당장 사용할 수 있는 자원 등에 기초하여 반응한다. 자살위기개입자들이 이러한 사실을 충분히 인식하는 것이 인지적 반응 평가에 매우 도움이 될 수 있다.

4) 자살위기개입자의 역할

실제로 자살위기개입자들에게 인지적 반응을 평가하는 것이 어렵고 귀찮은 일이 될 수 있다. 정서적·행동적 반응에 비해 좀 더 관찰하고 신중해야 하고, 정확한 인지적 반응의 평가는 어려울 수 있다. 이러한 어려움은 자살위기에 처한 사람의 상황에 대한 지각과 자살위기개입자가 느끼는 지각이 다를 수 있기 때문이다.

위의 사례를 보면, 자살위기개입자가 느낀 위기상황은 어르신의 신체적인 문제(영양, 수면 등)와 정서적인 안정이었다. 하지만 어르신의 핵심적인 위기문제는 자살생각과 자살계획이었던 것이다. 자살위기개입자가 자살위기에 처한 사람의 인지적 반응을 정확히 평가하여 개입하지 못하고 신체적인 문제에만 초점을 맞춘다면 자살생각이 심화되어 생명을 잃을 수도 있다. 정서적 반응이나 행동적 반응에 숨어있는 그들의 이야기를 경청함으로써 자살위기에 대한 인지적 반응을 반드시 평가하고 대처해야 한다.

자살위기개입자들은 자살위기상황에서 사람들이 일반적으로 어떻게 반응할지에 대한 일반적 상식, 특히 추측과 편견을 버려야 한다. 그렇게 하지 않으면 자살위기개입자는 인지적 반응을 잘못 평가하는 것은 물론 이로 인해 부적절한 개입을 할 수도 있다. 자살위기를 정의하는 핵심요소는 보는 이의 시각에 따라 달라진다는 것을 반드시 고려해야 한다. 자살위기개입자 개인의 사고와 가치관 혹은 일반적 가치관으로 위기에 처한 사람을 평가하는 것이 아니라, 자살위기상황에 처해있는 사람의 지각과 해석에 집중해야 하며, 그러한 해석을 이해하지 못할 때 심각한 자살 위기에 처할 수 있다.

(1) 자살위기에 처한 사람의 관점에서 이해하라

자살위기개입자들은 자살위기에 처한 사람들이 자살위기에 대해 지각하는 방식과 그들이 바라보는 시선에 같이 머무르려 노력해야 한다. 자살위기에 처한 사람들, 특히 급박한 자살위기에 처한 사람들은 자신이 해결하기 힘들다고 인식한 문제에 대해 해결방법이 없다고 생각하며, 인지적으로 왜곡된 부분들을 가지고 있다. 객관적으로 이해되지 않는다고 해서 조언하거나, 자신의 가치관에 맞추어 개입해서는 안 된다. 자살위기에 처한 사람들이 자살위기사건을 어떻게 지각하고 해석하는지에 대해 인내심을 가지고 그들 스스로 인지를 재구조화할 수 있도록 도와주어야 한다.

(2) 정확한 평가를 위한 문제점들을 점검하라

정신건강전문가들조차도 자살에 대한 직접적 질문을 불편해 하는 경우가 많다. 자살관련 질문을 직접적으로 하지 않는 이유는 첫 번째, 자살위기개입자들은 종종 자살행동에 대해 최소화하거나 감소시키고 싶어 하기 때문이다. 일반적으로 자살위기개입자 자신의 능력부족과 불완전감을 나타내지 않기 위해 소극적 개입을 할 수 있다(Yassen & Harvey, 1988). 자살에 대한 이해와 개입에 대한 지식이 충분하지 않고 적절한 훈련이 되어 있지 않은 경우 더욱 그러하다. 그리고 실제 자신이 도울 수 있는 현실적 상황과 돕고자 하는 자신의 욕구 간의 균형을 유지하는 것 또한 중요하다.

두 번째, 자살위기개입자가 인식하는 것보다 자살위기에 처한 사람의 반응이 적절하지 못하다고 생각할 수 있다. 그 자살위기상황에 비해 너무 극적으로 대응한다고 생각할 수 있다는 것이다. 위의 사례는 어르신의 반응을 보고 자살위기개입자가 안심하고, 괜찮을 것으로 평가하여 자살행동까지는 탐색하지 않은 것이다. 집을 방문하여 탐색은 하였으나 노인의 자살위기 특성을 이해하지 못하고 문제가 해결되었다고 생각하였다. 노인들의 경우는 특히, 다른 연령에 비해 자살에 대해 은밀하고 복합적이며 의도와 치명성이 높은 특성이 있다는 점을 유념해야 한다.

(3) 자살위기개입자의 경험에 따른 인지적 판단을 강요하지 마라

자살위기상황에서 위기에 처한 사람의 지각에 집중하는 대신 자살위기개입자의 개인적인 경험을 바탕으로 그들이 어떻게 지각하고 있는지 추측하여 평가하는 경우가 있다. 이러한 접근은 옳지 않은 평가를 하게 되고, 결국 적절한 개입을 하지 못하는 결과를 초래하게 된다. 다른 위기상황과 달리 자살의 위기는 즉각적인 개입이 필요하지만 성급하게 개입을 결정해서도 안된다. 적절하지 않은 평가와 성급한 개입은 생명을 잃을 수도 있다. 개인의 경험은 정확한 인지적 반응을 평가하기 위한 토대가 될 수도 있지만 이를 위해서는 자살위기평가, 개입과 관련된 많은 훈련과 경험이 필요하다.

(4) 구체적이고 직접적인 질문을 하라

자살위기에 처한 사람들은 일반적으로 자살위기가 이들의 대처능력을 벗어나 그 위기에 압도당하는 상태이다. 종종 외상을 경험한 경우(예: 성폭행, 폭력, 재난, 사고 등) 기본적인 정보를 이야기하지 못하는 경우가 있다. 그러한 커다란 외상 후 혹은 아주 작은 생활 스트레스가 누적되어 압도된 상태에서 자살행동을 하려는 경우, 자살위기개입자는 인지적 반응의 평가를 위해서 일반적이고 보편적인 질문을 하는 것은 적절하지 않을 수 있다. 자신의 문제에 매몰되어 인지적으로 정확한 판단이나 문제해결을 위한 객관적인 대안을 말하는 것이 어려운 경우에는 자살위험성 평가과정에 더욱 인내심을 가지고 임해야 한다.

자살위험성 평가과정을 강요하는 것은 위기에 처한 사람에게 저항적인 행동을 하게 하는 원인이 될 수 있다. 자살위기에 처한 사람에게는 언제나 지지받는 느낌이 필요하며, 그들이 말할 수 없거나 말하고 싶지 않은 정보를 강요당하지 않아야 한다.

"무슨 일이 있었는지 말씀해 주세요.", "이 상황이 당신에게 어떤 의미인가요?" 등의 개방적인 질문보다는 "이러한 자살생각이 최근 언제 가장 심했나요?", "자살생각을 하셨다면 어떤 방법으로 하시려고 했나요?", "언제 하시려고 생각했나요?", "왜 지금 자살을 하고 싶으신 건가요?" 등 인지적으로 힘든 상황인 경우 구체적이고 세밀하게 질문하는 것이 유용하다.

자살위기개입자는 설령 자살위기에 처한 사람들이 대답을 어려워하고, 생각이 잘 나지 않아 정보를 잘 주지 못한다고 하여도 인내심을 가지고 그들을 안정화시키며 지지하는 태도를 보여주어야 한다. 자살위기에 처한 사람이 이야기하는 과정 중에 말을 중단시키거나 진부한 위로, 표현 등을 하는 것은 효과적이지 않다.

(5) 여러 가지 방법으로 정보를 구하라

자살위기개입자가 자살위기에 처한 사람의 인지적 반응에 대한 정보를 얻는 또 다른 방법은 가족, 친구 그리고 위기 상황에 대해 알고 있는 다른 사람들을 만나 보는 것이다. 그러나 평가 과정에 다른 요소들이 작용하는 경우 주의를 기울여야 한다.

이러한 경우, 다음 두 가지 기준을 잘 고려해야 한다. 첫째, 자살위기개입자는 위기상황에 대한 다른 이들의 관점이 위험요소가 될 수 있음을 고려해야 한다. 그들이 평가과정을 혹시 방해할 이유는 없는지 확인해야 한다. 두 번째, 자살위기개입자는 정보를 주는 사람이 그 사람의 자살위기 상황으로 인해 어떻게 영향을 받았는지도 고려해야 한다. 그 사람도 위기 상황에 처했었는가? 만일 그렇다면 어느 정도 영향을 받았는가? 평가과정에서 다른 사람들이 가치 있는 정보를 주기도 하지만 잘못된 평가를 제공할 수 있는 위험을 방지하기 위해 위에 언급한 두 가지 기준을 잘 기억해야 할 필요가 있다.

(6) 개방형 질문을 하라

매우 위급한 자살위기가 가라앉고 자신의 삶에 눈을 돌릴 수 있게 된 경우, 자살위기개입자는 필요한 정보를 얻기 위해 개방형 질문을 활용해야 한다. 개방형 질문 방법은 위기에 처한 사람이 관련된 정보에서 벗어나지 않도록 해준다. 다시 말해 자살위기에 처한 사람은 불안정한 상태에 있기 때문에 관련된 정보에 집중하지 못하고 다른 이야기들을 할 수 있다. 자살위기개입자가 이야기를 경청할 때, 동떨어진 주제로 넘어가거나 다른 이야기를 하고 싶어 하는 것에 주목하여야 한다.

만일 사례에서 ○○○ 어르신이 술을 얼마나 자주 드시는지에 대한 질문에 대해 회피하려고 하는 것은 술이 ○○○ 어르신에게 높은 위험요인이 될 수 있다는 것이다.

3. 행동적 반응

1) 행동적 반응 사례

48세 ○○○ 씨는 초, 중학교를 다니는 남매를 둔 가장이다. 하던 사업이 잘 되지 않아 경제적으로 어렵게 되면서 파산신청을 해 놓은 상태로 스트레스가 이만저만이 아니다. 사업이 어려워지기 전까지는 가정적이고 좋은 남편, 훌륭한 부모가 되기 위해 노력하고 행복하다고 느꼈다. 하지만 경제적으로 힘들어지면서 스트레스로 인해 폭력과 음주문제가 점차 심해지기 시작했다. 얼마 전에는 지나가는 행인과 말싸움이 생겨 폭력을 휘둘러 파출소에 다녀오기도 하였다. 어린 시절 아버지의 폭력에 시달렸던 ○○○는 자신만은 그러지 말아야겠다고 다짐을 하고 살아왔지만, 술을 마시고 나면 자신이 폭력을 쓴다는 것에 좌절하고 있다.

최근 술을 마시는 횟수와 양이 늘어나고 있으며, 술을 마시고 나면 자살하고 싶은 충동을 통제하기 힘들어져 자신이 두렵고 불안하다. 그런데도 술을 끊는 것이 너무나 힘들다. 술이 깨고 나면 자기 자신이 너무나 한심하고 이런 자신의 상태가 너무 절망스럽다. 술을 마시지 않으면 너무나 우울하고 견디기가 힘들다. 얼마 전에는 시골 부모님 댁에서 가지고 온 농약을 마셨으나 부인에게 발견되어 병원에서 치료를 받았다. 병원에서는 입원치료를 권했고, ○○○는 그렇게 하겠다고 하였으며 알코올 문제도 같이 치료받았으면 하였다. 병원에서 근무하는 사회복지사와 음주문제, 자살행동에 대한 면담을 하게 되었다.

　　○○○ 씨는 자살시도를 한 후 병원으로 후송되어 치료를 받았으며, 정신과병원 입원 전에 사회복지사와 음주문제 및 자살에 대한 면담을 하였다. 자살위험성수준으로 보면 매우 긴급하고 높은 위험수준이라 할 수 있다. 이 사례에서 ○○○ 씨의 행동적 반응을 보면, 우선 음주를 과도하게 하고 있으며, 폭력과 자살시도를 하였다. 이러한 경우, ○○○ 씨의 기본적 안전을 확보하는 것이 우선이다. 병원에서 치료를 받고 있으며 입원치료를 받기로 한 상황이지만, 자살시도를 한 번 한 경험이 있으므로 지속적인 관찰이 필요하다. 자살위기개입자는 병원치료 이후에 알코올 치료 연계시설에 대한 정보들, 알코올 자조모임과 경제적인 문제와 관련하여 구체적인 정보들을 제공할 수 있도록 적절한 연계를 하였다.

2) 행동적 반응에 대한 이해

　　자살위기에 있는 사람들 중에는 간혹 일상적 행동에 혼란이 있을 수 있다. 혼란의 원인은 문제 해결을 위한 적절한 노력 또는 대처 능력이 부족하기 때문이다. 사람들은 문제 이전의 일상으로 돌아가고자 하며, 이를 위해 아무것도 일어나지 않은 것처럼 행동하거나 무엇이든 하려고 하는 등의 행동을 할 것이다. 무시하거나 효과 없는 노력을 하는 등 정도의 차이는 있지만 사람들은 문제에 대해 행동 반응을 하며, 이러한 행동반응을 이해하고 고려하는 것은 위기개입 전략 개발에서 중요한 부분이다.

(1) 행동에 따른 분류

Caplan(1964)은 사람들이 위기에 대처하는 특정 행동을 발견했다. 두 가지 유형으로 분류했는데, 수동적 유형은 무목적 행동, 부동 및 신체기능 장애 등을 수반하며 능동적 유형은 위기가 가져온 긴장을 낮추기 위해 익숙하지 않은 방법을 포함한 효과적이지 않은 여러 시도를 한다고 하였다.

위의 사례에서 보면 ○○○ 씨는 능동적인 유형이라 할 수 있다. 위기상황에서 행동적 반응으로 폭력, 음주, 그리고 자살시도까지 하였다. 반면 수동적 유형의 예는 노인들의 경우, 자식들에게 피해를 주지 않기 위해 처방받은 약들을 먹지 않는 방법, 식사를 하지 않고 아사(餓死)하는 등으로 자살을 선택하는 것이다.

이러한 노력은 가끔은 단기적 이득을 가져오기도 하지만, 임시방편일 뿐이라는 것을 깨닫게 되고 장기적으로는 부정적 결과로 인해 더욱 좌절하게 된다. ○○○ 씨의 경우 술이 잠깐의 위로가 될 수 있었겠지만, 폭력과 숙취 후 엄습하는 우울감, 절망감 등이 자살시도와 연결되었다고 볼 수 있다.

(2) 방어기제에 따른 분류(Dixon, 1979)

① 회피적 행동(Avoidance Behavior)

위기와 관련된 문제로부터 적극적으로 도망가려 한다.

② 접근적 행동(Approach Behavior)

위기의 원인에 대한 해결책을 찾는다. 그 방법이 효과적이지 않다고 해도 도움이 될 것에 초점을 두기도 한다.

③ 부동적 행동(Immobilization Behavior)

해결책을 찾지도 피하지도 않으며, 아무 것도 하지 않거나 철수한다.

이러한 방어기제들은 사람들이 습관적이며 일반적으로 세상에 대처하는 행동양식들이다. 그러나 사람들이 위기에 빠졌을 때 이러한 방어기제는 비효과적으로 작용하게 되며, 현실적인 문제해결에 도움이 되지 못한다. 자살위기개입자는 자살위기상황에서의 행동반응을 알아내기 위해 자살위기에 처한 사람들의 대처기제를 확인하는 것이 필요하다.

(3) 대처기제에 따른 분류

-Hobbs(1984), Bancroft(1979)

① 문제해결행동

성숙하고 적응적인 행동으로 자신의 문제를 정면으로 해결하고자 노력하는 행동

② 퇴행

의지할 사람이나 자기대신 해결해 줄 대상을 찾는 행동으로 아이처럼 과거로 도망치는 행동

③ 부정

문제가 존재하지 않는 것처럼 무시하거나 잊으려고 하는 태도

④ 둔마

문제해결을 위한 행동이 없는 부동의 상태. 경제적 문제를 적극적으로 해결하려는 것이 아니라 아무 일 없는 듯이 있거나, 멍하니 있는 행동

-Koopman, Classen, & Spiegel(1996)

① 능동적인 문제 중심

문제를 해결할 수 있는 전략을 이용하는 것으로 실업을 하고 나서 구직을 위해 신문이나 다른 방법들을 적극적으로 찾아보는 것과 같은 행동

② 수동적인 문제 중심

부동과 유사하며, 문제해결을 위한 시도들의 가능성이 없거나 비생산적인 경우. 실직한 사람이 구직을 희망하나 구직활동은 하지 않는 것

③ 수동적인 회피

문제에 대한 생각을 하지 않는 다른 활동을 추구. 술이나 마약, 도박 등으로 문제를 회피하는 것

-Folkman & Lazarus(1988)

① 문제집중 대처행동

문제집중 대처행동은 인간-환경 관계를 적극적으로 바꾸어 문제를 해결하려는 시도를 의미한다. 스트레스로 야기된 부정적 감정을 최소화하려 한다. 위의 사례에서 ○○○ 씨가 알코올 치료기관을 찾아 치료를 받으려 한다면 문제 집중 대처행동을 하는 것이다.

② 감정집중 대처행동

인간-환경 관계에서 주관적 변화를 통하여, 문제로 야기된 감정적인 긴장 완화를 목적으로 한다.

(4) 기능 수행능력에 따른 분류

자살위기에 대한 행동반응을 이해하기 위해 일상생활을 유지하는 능력을 평가하는 것이다. 인간관계, 업무습관, 외모, 식사 및 수면 등의 변화는 자살위기로 인한 반응을 식별하는 지표이다. 어떤 사람이 직장에 출근을 하지 않거나, 해야 할 일을 수행하지 못하고, 사회적으로 적절하지 않은 외모를 하거나, 폭음하는 행동들을 예로 들 수 있다.

Hansell(1976)은 혼자 있지 못하거나, 다른 사람들에게 너무 의존하거나 또는 아예 고립되어 행동하는 것은 중요한 일상생활의 변화의 예로 보았다. 자살위기에 처해지면 대인관계가 어렵고 마지막에는 고립된 생활을 하는 경

향이 있다. 비록 이러한 행동들이 자살위기해결의 시도와 직접적인 관련은 없더라도, 자살위기의 결과로 나타나는 것들이다.

3) 행동적 반응에서 고려해야 할 사항들

자살위기상황에 대한 행동적 반응평가는 표면적으로는 비교적 명확해 보인다. 대부분의 자살위기개입자들이 행동적 반응을 접근, 회피 또는 부동으로 결정하는 데 크게 어려움을 느끼지 않을 것이다. 다음은 자살위기에 처한 사람들이 나타내는 행동을 이해하는데 가장 효과적인 방법들이다.

(1) 평가과정

자살위기개입자가 자살위기에 처한 사람들의 행동을 평가할 때, 겉으로 나타나는 행동의 숨은 의도를 이해할 수 있어야 한다. 이는 생각보다 쉽지 않은데, 특히 자살위기에 처한 사람이 자살위기개입자의 가치와 충돌하는 정보를 밝힐 때 더욱 그렇다.

어떤 사람이 항암치료가 너무 힘들어 자살하려고 한다. 치료의 부작용이 심하며 고통은 더 심해지고, 치료가 단지 피할 수 없는 결과를 연장만 하는 것이라고 했을 때, 자살위기개입자는 그의 행동반응에 대해 어떻게 개입할 것인가? 설령, 행동의 의도를 반영한다고 결과가 달라질까? 자살위기개입자의 가치를 반영하지 않고 행동의 의도와 결과를 통합적으로 고려하여 평가하는 것이 필요하다. 행동반응을 평가하기 위해서는 자살위기에 처한 사람의 과거, 현재의 노력을 탐색하는 것이 도움이 된다.

특히 자살위기개입자는 평가의 영역으로 항상 그들의 자살생각에 민감해야 한다. 자살위기에 처한 사람이 문제의 해결책으로 자살생각을 하고 있는지 질문하는 것을 망설여서는 안 된다. 경험이 부족한 경우 이러한 질문이 불편할 수 있지만, 직접적인 질문은 무엇보다 효과적이며 자살생각을 하고 있는 사람들은 대체로 솔직하게 답한다.

만약 자살을 생각하지 않는다고 하면 다음 단계로 넘어가지 않아도 된다. 그러나 때로는 솔직하지 않을 수도 있으므로 지속적인 주의와 관심을 기울여야 한다. 만약 그들이 자살이나 상해에 대한 생각을 이야기한다면 즉각적으로 자살계획과 자살의도, 자살 가능성을 평가하여야 한다. 일반적으로 행동반응 평가에 필요한 정보는 평가과정에서 자연스럽게 흘러나온다.

자살위기에 처한 사람들 대부분은 문제 해결을 위해 했다가 실패한 시도들을 스스로 이야기하기 때문에 다른 질문을 할 필요는 없다. 게다가 자신들이 직접적으로 도와달라고 하지 않지만, 도움을 필요로 한다는 것을 주변 사람들이 인식해 주기를 원한다. 자살위기개입자의 도움으로 자살위기상황에서 자신이 보호되길 바라는 것이다. 위의 사례에서도 ○○○ 씨는 자살시도까지 했음에도, 발견이 된 후 입원치료를 기꺼이 받아들이면서 알코올 치료도 해 주길 원하고 있다.

자살위기에 처한 사람들은 접근, 회피, 부동과 같은 단어를 사용하지는 않지만, 자신에게 일어난 일과 자신들이 위기에 대응하는 방법을 말할 것이다. 자살위기개입자들은 자살위기에 처한 사람들의 이야기들을 토대로 대처 방법에 대해 분류하고 해석을 한다. 그러나 자살위기에 있는 사람들은 개개인이 다르다는 것을 인식해야 하며, 일반화된 분류나 해석의 일반적인 범주에 얽매여서는 안 된다. 어떤 문장이나 단어 하나에만 집착한다면 잘못된 해석을 할 수도 있고, 종종 잘못된 평가로 연결된다. 그러므로 자살위기개입자는 자살위기에 처한 사람의 이야기의 전반적인 맥락을 이해하도록 해야 한다.

(2) 반응의 유형

자살위기에 처한 사람들의 행동 반응은 접근, 회피, 부동으로 분류될 수 있다.

① 접근(approach) 행동반응

자살위기에 관련된 문제를 해결하려는 능동적 노력이다. 이러한 행동반응이 도움이 되는 것처럼 보일 수도 있으나, 자살위기개입자는 이 행동이 도움이 될 거라고 가정해서는 안 된다. 이 행동반응이 도움이 되는지 유해한 지는 임상적 판단에 의해 이루어져야 하며 예상된 결과가 합리적이어야 한다.

그 행동결과가 기능적이고 사회적으로 허용될 만하고 대처기제를 증진한다
면 유익할 수 있다.

예를 들어, 자살위기에 처한 사람이 자살생각을 통제할 수 없다고 판단
하여 응급 전화를 걸어 도움을 청한다면, 이는 도움이 되는 행동으로 반응한
것이다. 그러나 전화를 건 것만으로는 안 되고, 전화를 받은 자살위기개입자
는 반드시 다음 과정으로 연계를 해주어야 한다. 그러므로 자살위기개입자
가 그 행동반응을 접근(approach)적 행동으로 보더라도 추가로 다른 지원이
있어야 한다.

반면, 접근행동이 위기 극복에 유해한 경우들이 있다. 도박으로 돈을 탕
진하여 자살을 고려하고 있는 사람이 자살은 자식 때문에 할 수 없다고 생각
하여, 잃은 돈을 되찾고자 다시 도박을 하는 경우를 예로 들 수 있다.

"만약 내가 ~했다면……"
"~할 수 있다면"
"~하느라 지쳤다. 너무 힘들다."
"~하려고 했다. 하지만 되지 않았다."

② 회피(avoidance) 행동반응

회피 행동은 자살위기와 관련된 문제로부터 도망치려는 시도로 정의할
수 있다. 이러한 시도는 자살위기에 처한 사람이 자신을 방어하려는 능동
적·수동적 행동을 모두 포함한다. 능동적 행동은 다른 사람을 비난하고 위
기상황에 대하여 거짓말을 하거나 자살위기로부터 관심을 다른 곳으로 돌리
고 위기의 증거들을 숨기려고 하는 것이다. 수동적 행동은 아무 것도 일어나
지 않은 것처럼 꾸미거나 자살위기로 야기된 문제를 알리고 하지 않는 것이
다. 접근 행동반응처럼 회피 행동반응도 자살위기의 해결에 도움이 될 수도
유해할 수도 있다. 특히 시간이 회피 행동에서는 중요한 요소이다.

예를 들어, 어떤 여성의 남편이 갑자기 사망하자 그녀는 며칠간 회피 행
동반응을 보인다. 남편의 죽음에 적응할 시간이 필요한 것이다. 이 경우 자

살위기개입자는 여자의 반응을 회피(avoidance)로 평가할 수 있지만, 그 시간
이 애도를 하는 일반적인 과정일 수 있다. 그러나 몇 달이 지나도 그녀가 남
편이 죽지 않은 것처럼 행동한다면 그녀는 유해한 방법으로 회피를 사용하
는 것이다. 자살위기개입자는 자살위기에 처한 사람의 행동이 해결 과정을
돕는 것인지 방해하는 것인지를 확인해 보아야 한다.

> "~에 대해 생각은 하지만 어려울 것 같아요."
> "그런 말은 하지 마세요. 그렇게는 안 될 거예요."
> "그렇게 되기를 바라지 않아요."
> "더 이상 참기 힘들어요."
> "도망치고 싶어요."

③ 부동(immobility) 행동반응

자살위기로 인해 당황하거나 혼동된 것처럼 보일 수 있다. 극단적인 경
우 긴장증(catatonic)을 나타내기도 한다. 자살위기가 심할수록 부동 행동반응
을 나타낼 가능성이 많다. 그들은 무엇을 해야 할지 모르고, 판단이 서지 않
아 아무것도 하지 못한다. 대처기제는 무력화되거나 위기에 압도되어 부적
절한 것으로 드러나게 된다. 이런 경우 그들은 자신을 돌보는 게 불가능한 상
태가 되어 객관적인 조망이 어려울 수 있다. 산만한 부동의 경우는 접근적 행
동반응으로 보이지만, 접근적 행동반응이 위기해결을 위해 한두 가지 노력
을 하는 데 비해 부동적 행동반응은 여러 가지 시도를 하며 각각의 시도는 다
른 것들을 무력화시킨다. 이 유형에 해당하는 경우, 결과에 대해 변덕스럽고
기분이 일정하지 않고 참을성이 없는 것으로 보아야 한다. 자살위기의 해법
에서 이러한 반응들은 유익할 수도 있고 유해할 수도 있다. 회피와 마찬가지
로 잠재적 결과와 시의성이 평가과정의 중요한 요소이다.

> "어떻게 시작해야 할지 모르겠어요."
> "모든 건 실패했어요. 해봤자 소용없어요."

"아무것도 안 돼요."

"사람들이 안 될 거라 했어요."

"할 수 없을 것 같아요. 다 해봤다구요"

"이젠 할 수 없어요."

모든 자살하려는 사람의 행동반응을 회피라고 평가하지 않아야 한다. 우선 평가되는 것은 접근일 것이다. 자살위기개입자는 자살위기에 처한 사람의 반응을 정확히 평가하기 위해서 그 행동의 의도를 이해해야만 한다. 그 행동으로 무엇을 얻으려고 하였는가? 책임을 회피하거나 그 위기 사건에 대해 피하려고 하는가? 만약 그렇다면, 그 행동적 반응은 회피일 것이다. 그러나 다른 사람에게 고통을 주려고 혹은 보험금으로 가족에게 돈을 주고자 자살하려고 하였다면 그 반응의 정확한 평가는 접근(approach)이 될 것이다. 접근으로 평가된 경우, 자살위기개입자는 자살하기 위해 필요한 에너지를 좀 더 도움이 되는 대처기제로 전환하도록 자살위기에 처한 사람들을 도와주어야 한다.

4) 자살위기개입자의 역할

자살위기에 처한 사람들의 행동반응 평가는 위기 발생 이후 그들이 어떤 행동들을 하였는지 알아내는 것 이상이다. 단순히 그들이 어떤 노력을 하지 않았거나 효과 없는 몇 가지 시도들을 했다는 사실을 아는 것만으로는 충분하지 않다. 자살위기개입자가 그들의 행동반응을 진정으로 이해하려면 현재 자살위기에 처해 있는 사람들이 나타내는 이야기 이상의 것을 파악해야 한다. 세부적인 사항이 중요하기는 하지만 그것에만 집중하면 그들의 자살행동 의도를 잘못 이해하거나 보지 못할 수도 있다. 자살행동과 관련한 문제들로 인해 나타나는 행동들의 전반적인 의도를 파악하는 것이 매우 중요하다.

(1) 자살위기에서 나타내는 행동의 의미를 성급하게 해석하지 마라

많은 경우 자살위기개입자는 자살위기에 처한 사람의 말을 충분히 듣지 않고 그들의 행동 의도와 의미를 판단하려고 한다. 위의 사례에서 ○○○ 씨의 자살행동의 의도는 무엇이었을까? 자살하여 가족을 떠나고 싶었던 것일까? 빚에 압도되어 그 상황을 피하고 싶었던 것일까? 알코올 문제와 폭력 때문에 자신을 혐오했던 것일까? ○○○ 씨가 위기상황에서 자신의 자살행동으로 무엇을 얻으려 했는지 파악하기 위해 자살위기개입자가 잘 경청하여 자살행동 이면에 숨은 의도를 확인하고, 민감하게 파악하도록 노력해야 한다.

(2) 성급한 결론을 내리지 마라

자살위기개입자들이 경험을 토대로 성급한 추측을 하여 자살하려는 사람들에게 무엇인가를 해주어야겠다고 생각하거나, 그들이 뭔가를 해야 한다고 생각하기 쉽다. 충분한 평가 없이 자신의 방법이 최선이라고 결정을 내리는 것이다. 자살에 대한 위기개입은 즉각적이어야 한다. 하지만 이러한 해결법이 어떤 상황에서는 효과적일 수 있으나 대개는 효과가 없으므로 자살위기개입자는 충분한 정보와 정확한 평가를 하지 않은 상태에서 개입을 해서는 안 된다. 자살위기에 처한 사람에게 있어 각각의 위험요인도 다르고 상황도 다르다. 설령 비슷한 자살위기사례라 해도 가장 필요로 하는 것은 개인마다 다르다. 또한 자살위기개입자가 제안이나 조언을 해줄 수는 있으나, 결국 이를 시행할 사람은 자살위기에 처해진 개인인 것이다. 가장 좋은 방법은 자살위기에 처한 사람에게 직접 질문하여 그들 스스로 현실적이고 효과적인 대처전략을 사용하여 해결하도록 도와주는 것이다.

자살위험성평가 및 분류

특정 도구나 검사로 미래의 자살 행동을 정확하게 예측하기는 어렵다. 왜냐하면 자살행동은 여러 요인에 의해 영향을 받고, 그러한 요인의 영향이 개인과 환경에 따라 다양하게 작용하기 때문이다. 1960년대와 70년대의 자살행동 연구자들은 어떤 사람이 자살을 하는가? 즉, 자살의 예측(prediction)에 관심을 가지고 자신들의 노력으로 정확한 예측을 기대하였지만(Beck 등, 1974), 연구자들의 이러한 기대를 충족시키지 못하였다.

이에 1980년대와 90년대에 들어서는 연구자들의 관심이 자살의 미래 발생에 대한 예측보다는 보다 일반적인 의미에서 잠재적으로 자살 가능성이 높은 사람을 평가(assessment)하는 쪽으로 바뀌었다(Maltsberger, 1992). 미래의 자살 행동과 관련되는 심리적인 특성과 경험을 주된 연구 주제로 선택하였다. 그렇지만 자살에 대한 예측과 평가가 완전히 다른 주제라고 보기는 어렵다. 왜냐하면 예측과 평가의 목적이 모두 자살 가능성이 높은 사람을 선별하고 예방적 노력을 통해 자살 행동을 방지하는데 있기 때문이다.

자살의 위기개입에는 반드시 자살위험에 처한 사람의 자살위험성평가를 하여 그 위험수준에 맞는 적절한 개입이 포함되어야 한다. 자살위험성 수준의 분류가 적절하지 못할 때, 적절한 개입이 가능하지 않기 때문이다. 예를 들어 급박한 자살위험수준을 낮은 위험수준으로 평가하고 개입을 한 경우,

그 자살위기에 처한 사람에게는 간단한 면담과 정서적 안정만을 취하게 한 뒤에 별다른 조치를 취하지 않게 됨으로써 자살충동이 가라앉지 않아 자살 시도를 하게 되거나 자살의 완결로 이어질 위험이 크다. 따라서 자살위기개 입자들은 자살위험성수준에 대한 정확한 평가와 분류를 할 수 있는 교육과 훈련을 정기적으로 받아야 하며, 이를 토대로 한 적절한 자살위기개입을 할 수 있어야 한다.

1. 자살위험성평가

자살위험성평가에는 자살위기개입자의 즉각적이고 정확한 평가가 무엇 보다 중요하고 우선되어야 한다. 자살위험성 수준에 적절하지 않은 개입과 조치를 취할 경우, 귀중한 생명을 잃게 되는 상황이 발생될 수 있다. 자살위 기개입자는 자살위기에 처한 사람과의 면담과 심리평가 등 평가에 필요한 과정들을 통합적으로 하게 된다. 근본적으로 자살을 완벽히 예측하는 것은 불가능하다. 자살은 앞에서 언급한 것처럼 사람의 행동 중 가장 복잡하고 여 러 요인들이 복합적으로 상호작용하는 결과이기 때문이다. 그러나 자살위 험성을 최대한 정확히 평가·분류하는 것은 자살위험에 처해 있거나 잠재적 자살위험이 있는 사람들의 귀중한 생명을 지킬 수 있는 가장 필수적인 과정 이다.

자살위기개입자가 자살위기에 처한 사람의 자살위험성을 평가하고 분류 하기 전에, 자살위기에 처한 사람의 기본적인 안전과 욕구를 파악하고 충족 시키는 것이 우선적으로 이루어져야 한다. 또한 정신적 상태를 파악하는 것 도 필요하다. 이러한 기본적 안전과 정신적 상태에 대해 즉각적으로 파악을 한 후, 자살위험성평가와 그에 따르는 자살위험수준 분류를 하여야 한다.

자살위험성 평가방법은 면담을 통해 실시하는 직접적 평가와 심리검사 를 이용한 간접적 평가로 나누어 볼 수 있다. 자살위험성평가 시, 자살위험성

을 평가할 수 있는 자살위기개입자의 면담기술과 평가를 정확히 할 수 있는
능력이 중요하다. 면담과 심리검사 어느 한 쪽으로 치중해서는 안 되며, 상호
보완적으로 사용하여 정확한 평가를 해야 한다. 주의할 점은 자살위험성평
가 시 보수적으로 하는 것이 무엇보다 필요하다. 그 이유는 자살위험성수준
을 과도하게 낮게 잡는 경우, 그에 따르는 행동계획과 개입이 적절치 않아 자
살이 실제 발생할 수도 있기 때문이다. 따라서 자살위험성평가는 그 위험성
을 간과하는 것보다는 보수적으로 평가하는 것이 효과적이라 할 수 있을 것
이다.

자살위기에 처해 있거나 자살하려는 사람과 평가를 위한 면담을 할 때
다음과 같은 사항들을 고려한다면 좀 더 효과적인 평가를 할 수 있을 것이다
(Lester, 1997).

- 일반적으로 자살하려는 사람들은 그들이 무엇을 원하고 그것을 어떻게
  얻을 수 있는지에 대해 혼란스러워하기 때문에 적극적으로 경청하려고
  노력해야 한다.
- 자살에 대해 직접적으로 질문하여 그의 이야기를 진지하게 받아들이고
  있음을 전달할 필요가 있다.
- 자살의도의 심각성을 판단하려 노력한다.
- 전문적인 도움을 받을 수 있도록 돕는다.
- 자살위기인 경우, 혼자 두지 않아야 한다.
- 지지적이고 비판단적이어야 한다.
- 자살을 생각하는 사람들의 감정을 존중해야 한다.

자살위기에 처한 사람을 대상으로 하여 자살위험성평가를 할 때 정신상
태평가, 직접적 평가, 간접적 평가를 포함한 종합적인 평가를 기초로 자살위
험수준을 분류하게 된다. 그러나 실제 현장에서 간단하게 자살위험성평가
를 해야 하는 경우에 3단계로 실시할 수 있다. 구체적으로 살펴보면 다음과
같다.

1) 정신상태 평가

자살위험성평가를 하기 전에 우선 파악해야 하는 것은 자살위기에 처한 사람의 정신상태에 대한 파악이다. 정신상태를 파악하는 것은 어려운 일이 지만 자살위기개입자는 다음과 같은 사항을 인지하고 파악해야 한다 (Mitchell, 1991).

(1) 언어적 상태 파악

자살위기개입자와의 대화에 있어서 맥락이 맞는지, 언어의 양과 질을 파악한다.

(2) 인지적 상태 파악

현재 자살위기상태에서 사람, 장소, 시간에 대한 인식과 통찰이 가능한지, 기억과 지적기능을 간단히 점검해야 한다.

(3) 정서적 상태 파악

정서적으로 우울한지, 적절하지 못한 정서 상태(예: 극도의 희열감, 웃음 등)를 나타내고 있는지 자살위기에 처한 사람의 지배적인 정서상태가 어떠한지에 대해 관찰해야 한다.

(4) 외모 상태 파악

적절한 의복을 착용했는지(예: 한 겨울에 양말이나 외투를 입지 않았다든지, 장소에 맞지 않는 의복을 입었는지 등), 청결상태, 일반적이지 않은 신체적 특징을 점검해 보아야 한다.

(5) 행동적 파악

얼굴표정, 자세, 타인(예: 가족, 위기개입자 등)과의 상호작용이 되고 있는지 등을 관찰해서 파악한다.

2) 직접적 평가

자살위기개입자는 자살위험성을 평가하기 위해 잠재적으로 자살 가능성이 있는 사람과의 면담에서 자살생각, 자살계획, 자살시도의 과거력, 정신장애의 과거력, 그리고 관련된 심리 사회적 변인들, 그 이외 위험요인들, 보호요인들을 확인할 필요가 있다. 자살위험성을 평가하고 분류하기 위한 가장 최선의 방법은 그 개인의 자살의도 여부를 탐색하는 것이다. Joiner, Rudd, & Rajab(1999)은 자살위기개입자들은 자살을 생각하는 사람이 하는 말에 주의를 기울여야 하며, 개인의 자기보고가 정보의 가장 중요한 원천이 되어야 한다고 강조하였다.

하지만 실제 현장에서 많은 자살위기개입자들, 심지어 전문가들도 직접적으로 자살생각에 대해 질문하기를 불편해하며 어려워하기도 한다. 그러나 자살위기만큼은 자살에 대해 직접적이고 구체적인 질문을 하는 것이 자살생각의 강도와 긴장감을 감소시킬 수 있다는 것에 확신을 가지고 있어야 한다. 자살을 생각하는 사람들의 특성상 자신의 비밀을 말하지 않고 묻어두려 하지만, 오히려 자살위기개입자의 직접적이고 구체적인 질문이 그들의 깊은 마음속 고통을 이해받는다고 느끼게 할 수 있다.

반면, 자살위기개입자 혹은 전문상담자가 자살에 대한 직접적인 주제를 회피하게 되면 자신의 자살생각에 대해 부담스러워하고 불편해 한다고 인식하여 문제를 꺼내 놓지 않을 수 있다. 일반적으로 사람들은 자살을 고려하지 않았는데 자살에 관한 질문을 함으로써 자살을 생각하거나, 가지고 있던 자살생각이 심화될지 모른다고 생각하여 자살의 주제를 꺼내는 것이 해롭다고 생각한다. 그러나 많은 자살위기개입전문가들이 언급한 것처럼, 자살생각을 질문하고 확인하는 것이 자기파괴 성향을 증가시킨다는 믿음을 지지하는 증거는 어디에도 없다(Kenneth France, 2007). 하지만 이러한 질문을 적절히 수행하기 위해서는 자살위기개입자와 자살위기에 처한 사람과의 신뢰가 우선 되어야만(Douglas Robbins & Norman Alessi, 1985) 하고, 이를 토대로 정직한 자기보고가 가능하며 정확한 평가가 이루어질 수 있다.

정확한 평가가 가능하기 위해서는 자살위기개입자가 자살에 대한 충분한 이해가 전제되어야 하며, 자살위기에 처한 사람에게 수용적인 태도로 질문하는 것만이 그들의 마음속 깊이 담아둔 이야기를 끌어내서 평가할 수 있고, 이를 통해 적절한 개입이 가능해지는 것이다.

(1) 자살생각에 대한 직접적 질문

자살생각을 확인하기 위해 가장 먼저 할 수 있는 질문은 "최근에 자살하고 싶은 생각이 드셨던 적이 있으세요?" 또는 "살아서 뭐하나 라고 느낀 적이 있으신가요?"라고 묻는 것이다. 이 질문에 대해서 즉시 대답해 줄 사람은 매우 소수이겠지만, 우울증을 겪고 있는 사람들은 정서적으로 민감해져 있어서 만약 자살생각을 하고 있다면 그렇다고 대답할 확률이 상대적으로 더 높다.

그러나 자살의 경고신호와 징후를 나타냈거나 위험요인들이 다수 발견되어도 자살생각에 대해 즉각적으로 대답하지 않을 수 있다. 이런 경우에도 포기해서는 안 되며, 인내심을 가지고 기다려 주어야 한다. 자살위기에 처한 사람이 자신이 진심으로 이해받고, 판단 받지 않으며, 수용된다고 여기면 자신이 지키려고 했던 비밀을 털어놓고 도움을 받으려 할 것이다. 결국 자신의 자살생각이 비판받지 않거나, 정신적으로 이상한 사람이라고 낙인찍히지 않으리란 믿음이 생긴다면 당연히 자신의 이야기를 하려 할 것이다.

면담상황에 따라 자살위기개입자가 다음과 같은 질문 중에서 선택하여 사용할 수 있다.

- 살아갈 가치가 없다고 느낀 적이 있으세요?
- 아침에 눈을 뜨지 않았으면 하고 생각하신 적이 있으세요?
- '살아서 뭐하나' 라고 느낀 적이 있으신가요?
- 죽어야겠다고 생각하신 적이 있으세요?
- 자살생각을 해보신 적이 있으신가요?

- 최근 한 달 동안 자살생각을 해보신 적이 있으신가요?
- 자살생각을 하루에 몇 번이나 하세요?
- 자살생각이 떠오르면 얼마나 오래 자살 생각을 하세요?
- 자살생각을 자신이 통제할 수 있나요?

만일 자살생각 질문에 자살을 생각한 적이 없다고 한다면, 자살위기개입 자는 질문을 여기서 중단할 수 있다. 최소한 직접적 평가의 관점에서는 낮은 위험 수준이라고 간주될 것이다. 그러나 자살경고나 징후, 상황적 요인, 위험 요인들이 감지되어 질문했다면 그들이 자살생각이 없다고 했어도 그것으로 그쳐서는 안 된다. 자살위험성평가는 더 이상 하지 않는다고 해도, 자살의 경 고신호 등을 나타내고 있기 때문에 그 다음 연계기관에 추후 관리 대상으로 의뢰하여 지속적 관심을 가지고 관리하는 것이 중요하다.

자살생각을 하는 것으로 확인되는 경우에는 자살생각의 빈도, 강도, 지 속시간 등에 대해 구체적인 질문을 할 필요가 있다. 그리고 자살위기에 처한 사람이 자신의 자살생각이 통제 가능한지에 대해서도 파악할 필요가 있다.

(2) 자살계획 및 치명성

대부분의 사람들은 어려움이 닥치거나 심적 고통을 경험할 때 해결할 방 법이 없다고 느껴지고, 절망감을 느끼면 자살을 생각할 가능성이 높아지게 된다. 그러나 자살을 생각하는 사람 모두가 자살계획을 세우는 것은 아니다. 약을 준비하는 등 구체적인 자살계획을 세우고 있고, 그러한 방법이 쉽게 이 용할 수 있는 것이라면, 자살의 위험성은 훨씬 더 높아진다. 자살계획과 계획 의 치명성을 평가하기 위해서는 다음의 요소들에 대해 탐색해 보아야 한다 (Miller, 1985).

① 계획의 구체성

시간, 장소, 방법 등에 대한 구체적인 계획을 세웠는지를 확인한다. 그 방법이 얼마나 더 구체적이고 확실한지에 따라 자살위험수준의 차이가 있다.

- "자살계획을 세웠다고 하셨는데, 어떤 계획인지 구체적으로 설명해 주시겠어요?"
- "언제, 어디서, 어떤 방법으로 자살을 하려고 하셨는지 이야기해 주시겠어요?"
- "계획을 실행하기 위해서 그 장소에 가보셨나요?"

② 방법의 치명성

구체적인 계획을 지니고 있고, 계획한 방법이 치명적이라면 위험성은 더 크다. 예를 들어서 약물 과다복용 보다 투신이나 목매기 등이 더 치명적인 방법이다.

③ 언급한 자살 방법의 근접성

자살방법이 자신에게 안정성, 유용성, 그리고 접근성이 있을 때 자살 위험성은 좀 더 증가한다. 자살계획을 이야기한다면 자살방법에 대해 구체적으로 질문하고, 가능하다면 자살도구를 회수해야 한다. 자살위기에 처한 사람과 자살위기개입자 간에 라포가 형성되고 나면, 자살도구(예: 모아놓은 약, 제초제, 목맴을 위한 도구들 등)를 달라고 요구할 때, 대부분의 사람들은 자살에 사용할 도구들을 내어놓는 경우가 많다. 특정 자살도구의 유용성을 떨어뜨리고 접근성을 제한하고 나면 충동적 선택을 할 때, 자살생각이 가라앉을 시간을 벌 수 있게 되는 것이다. 자살위기개입자가 직접 모아놓은 약물 등을 회수하여 버리는 경우, 자살위기에 있는 사람은 자살생각이 심화되었을 때 자살도구로 생각하였던 특정 자살도구를 찾으려고 노력하는 동안 자살생각이 가라앉을 수 있으며, 결국 자살생각을 지연시킬 수 있게 되는 것이다.

- "자살하기 위해 준비해 두신 약들은 지금 어디에 보관하고 계신가요?"
- "가까운 곳에 가지고 계신다면 지금 그것을 저에게 주세요."
- "그 약들을 저에게 주실 수 있겠어요?"

(3) 자살시도 과거력 및 가족의 자살에 관한 과거력

과거의 자살시도 경험은 자살을 예측하는 아주 중요한 위험요인이다. 한 연구에서는 자살시도로 입원했던 사람의 20% 이상이 다시 자살을 시도하고, 입원한 후 6개월에서 12개월 사이가 가장 위험하다(Goldston 등, 1999)고 보고한다. 또한 자살시도를 했던 경험이 있다면, 그 당시의 자살의도, 선택한 자살시도 방법의 치명성, 자살시도로 인한 의학적 및 심리적 영향, 자살로 사망하지 않았을 때의 감정 등을 구체적으로 탐색해야 한다(Beck & Steer, 1993; Lewinsohn 등, 1994). 자살시도를 했다가 구조되었을 당시 안도감이나 후회가 아닌 살아난 것에 대한 분노의 감정을 표현했다면 자살의도가 더 분명했던 것으로 판단해야 한다. 결국 자살의도가 높다는 것은 자살위험성이 상대적으로 더 높음을 반영하는 것이다. 정말로 자살로 죽기를 원했던 경우, 자살시도 후 살아난 것에 안도하거나 모호함을 가진 사람보다 추후 자살완결이 2.5배 정도 된다고 하였다(Henriques 등, 2005).

또한 가족이나 가까운 친척 중에 자살을 한 사람이 있는지를 확인하는 것도 매우 중요하다. 자살 유가족들은 다른 집단에 비해 자기-파괴적 행동을 더 하는 것으로 나타났다(Silverman 등, 1995; Gould 등, 1996). 또한 Shafii(1985)의 연구에 따르면, 자살로 사망한 사람의 30%가 가족 구성원 중 어른의 자살 행동에 노출된 적이 있으며, 그렇지 않은 집단의 12%와 비교할 때, 자살한 사람의 60%가 자살행동과 관련된 형제나 친구를 알고 있었다. 가족의 자살시도나 자살은 남은 가족들에게 심리적 혼란, 부담과 죄책감을 경험하게 할 수 있으며, 자신이 감당하기 힘든 일들을 겪으며 절망적일 때 해결책으로 자살을 선택할 확률이 그렇지 않은 사람들보다 높다고 할 수 있다.

면담상황에 따라 다음과 같은 질문을 할 수 있다.

- "이전에 자살시도를 한 적이 있으세요?"
- "언제 어떤 상황에서 자살시도를 하셨어요?"

- "어떤 방법으로 자살시도를 하셨나요?"
- "자살시도를 몇 번 하셨어요?"
- "자살시도를 한 후에는 어떤 일이 있었나요?(상황, 주위 사람들의 반응, 심경 등)"
- "혹시 가족이나 가까운 사람들 중에 자살을 한 사람이 있나요?"
- "가족, 친척 중 자살을 하였다면 언제 어떻게 하셨나요?"

(4) 정신장애 과거력

자살한 사람의 90% 이상은 진단 가능한 정신과적 질환과 관련이 있다 (Henriksson 등, 1993). 정신과적 장애에서 특히 우울증, 양극성 장애, 조현병, 불안장애, 알코올 의존 그리고 성격 장애 중에서는 경계선 성격장애 등이 자살의 위험요인이 될 수 있다(Blazer, 1991).

일반적으로 사람들은 자살과 우울증을 동일시하는 경우가 흔하다. 하지만 실제 자살한 사람들을 조사해 보면, 진단된 우울증 환자 중 자살한 사람은 15%에 불과하다. 우울증과 자살의 상관관계는 높다고 할 수 있으나 인과관계로 보기는 어렵다. 즉, 우울증으로 인해 모두가 자살한다는 것은 아니라는 것이다. 자살위기개입자는 자살위기에 처한 사람들의 정신과적 문제에 대한 오해와 편견들을 제거해야만 그들은 적절하게 도울 수 있다.

만약 자살위기에 처한 사람이 현재 정신과적 질환을 가지고 있거나 과거력을 가지고 있다면 구체적으로 탐색하는 것이 중요하다. 현재와 과거를 탐색하기 위해서는 정신장애로 치료를 받고 있는지, 이전에 치료나 상담을 받은 적이 있는지 확인하고, 그렇다고 대답하면, 추가 질문을 통해 구체적인 정보를 파악해야 한다. 또한 진단을 받았다면 진단명을 알고 있는지 확인하고 언제, 어디에서 치료를 받는지, 치료에 순응적인지, 어떤 유형의 치료(입원, 외래치료, 낮 병동, 정신건강증진 센터 방문 등)를 받았는지 질문하는 것이 중요하다. 또한 치료를 받았을 때 효과가 있다고 느꼈는지, 약물을 꾸준히 복용했는지도 확인할 필요가 있다.

면담상황에 따라 다음과 같은 질문을 할 수 있다.

- "현재 정신과적 치료를 받고 계신가요?"
- "현재 치료를 받고 계신다면 진단명이 무엇인가요?"
- "현재 상태는 어떤가요?"
- "정신장애로 치료를 받은 적이 있으세요?"
- "이전의 치료는 언제, 어디에서 받았나요?"
- "진단명은 무엇이었나요?"
- "가장 최근에 치료받은 적은 언제인가요?"
- "어떤 유형의 치료를 받았나요?(입원, 외래치료, 낮 병동, 정신건강증진센터 방문 등)"
- "복용한 약이 있다면, 어떤 종류의 약을 처방 받았나요?"
- "치료의 효과는 어땠나요?"
- "처방받은 약을 꾸준히 드셨나요?"
- "상담을 받은 적이 있나요?"

(5) 사회적 지지

자살위기개입에 있어서 사회적 지지와의 연결망이 무엇보다 중요하다. 사회적 인프라와 주위 사람들의 사회적 지지, 대인관계의 부재로 인한 외로움과 고립감은 자살 위험성을 높이는 결정적인 요인이 될 수 있다. 우리나라의 경우, 노인 인구가 급속히 증가하면서 노인의 자살이 급증하고 있다. 노인들은 배우자 상실, 자녀들의 독립, 대인관계의 축소 등으로 인해 혼자 사는 경우가 많고, 사회적 인프라가 충분하지 않은 지역(예; 강원도, 충남, 충북 등)의 경우 노인자살률이 타 지역에 비해 높은 편이다. 연구에 따르면 외로운 노인들은 자살에 대한 위험성이 더 높으며, 외로움은 젊은 층에 비해 노인들이 자살을 고려하는 중요한 요인으로 작용한다(Kennedy & Tanenbaum, 2000). 노인들은 물론이고 다른 연령대에서도 자살위험성을 평가할 때 사회적 지지 자원과 대인관계에 대해서 구체적으로 탐색을 해보아야 한다. 또한 가족 및 친척뿐 아니라, 연락 가능한 친구, 이웃, 모임, 종교 단체 등과 같은 다양한 사회적 자원들을 반드시 살펴보아야 한다. 만약 그 사회적 자원이 부족하여 위험한 경우, 자살위기개입자는 자살위기에 처한 사람을 도울 수 있는 사회적 연결망을 구축해 놓는 것이 매우 중요하다.

면담상황에 따라 다음과 같은 질문을 할 수 있다.

- "가깝게 지내는 가족이나 친구가 있으신가요? 만약 있다면 몇 명이나 되나요?"
- "얼마나 친한가요?"
- "얼마나 자주 연락하거나 만나시나요?"
- "도움을 청하셨을 때 도움을 주실 분들은 어떤 사람들인가요?"
- "도움을 청하면 즉각적으로 와 주실 분은 어떤 분들인가요?"
- "지속적으로 참가하는 모임(예: 동창회, 계모임, 종교 활동 등)이 있나요?"
- "친구들이나 가족들과 자주 못 만나는 이유가 있나요?"
- "최근에 가족이나 친구들과의 관계에서 변한 점이 있나요?"
- "그러한 변화로 인해 어떤 영향이 있나요?"
- "급한 연락을 해야 할 때 연락 가능한 분들이 몇 사람이나 있나요? 그 분들 연락처를 알려 줄 수 있나요?"
- "평소 주위 분들과의 사이는 어떤가요?"

(6) 신체적 건강상태

자살의 위험요인에 만성적인 신체장애가 포함된다. 가장 자주 언급되는 질환은 말기암, HIV/AIDS, 중추신경체계의 질병(알츠하이머병), 통증 증후군, 악성 종양, 혈액투석을 필요로 하는 신장질환, 남성의 비뇨생식기 장애, 신경계 질환, 특히 경화증, 간질 등이다. 그러나 신체적 질환 자체보다는 그 질환으로 인해 느끼는 절망감이 자살의 매우 높은 위험요인이다. 즉 인지적, 신체적 손상의 정도와 행동적 손상의 정도는 질병과 우울증의 관계를 매개하고 있으며, 자살과도 상관이 있을 수 있다.

면담상황에 따라 다음과 같은 질문을 할 수 있다.

• "최근에 건강상태는 어떤가요?"
• "신체 상태에 변화가 있으세요?"
• "치료 받고 있는 질환이 있으신가요?"
• "신체적 통증이나 손상이 있으신가요?"
• "어지러움, 피곤, 두통, 수면 문제, 식욕 문제, 만성 통증 같은 문제가 있나요?"
• "신체적 상태에 대해 어떤 생각을 하세요?"
• "현재 신체적 통증으로 인해 자살생각을 하나요?"

(7) 음주 및 흡연

자살에서 알코올은 특히 우리나라의 경우 높은 위험요인 중 하나이다. 우리나라 심리부검 결과를 보면 자살한 사람들 중 자살할 당시 음주 상태인 경우가 50%를 넘는 것으로 나타났으며, 다른 요인과 같이 있는 경우가 많다 (중앙심리부검센터, 2015). 노인들의 자살에 대한 전향적 연구에서도 자살로 죽은 사람들이 술을 더 많이 마시는 것으로 나타났다. 어떤 사람에게 음주와 관련된 문제가 있다는 것은 문제 상황에 대한 대처 기술이 빈약함을 암시한다. 음주는 통제력의 상실 또는 충동성의 증가로 인한 행동 문제 및 기타 건강상의 문제를 야기할 가능성을 높게 한다.

담배와 자살의 관련성에 대해서 연구된 바는 없지만 담배를 피우지 않던 사람이 피우거나 혹은 평소보다 더 많은 양을 피우는 등 행동상의 변화는 자살의 경고신호로 해석될 수 있기 때문에 자살위험성평가에서 고려되어야 한다.

면담상황에 따라 다음과 같은 질문을 할 수 있다.

• "술을 마시나요?"

- "술을 마신다면 얼마나 자주 어느 정도나 드시나요?"
- "담배를 피우시나요?"
- "술이나 담배를 하지 않을 때의 금단증상이 있나요?"
- "술이나 담배로 인해서 문제가 있었던 적이 있나요?"
- "술이나 담배의 사용이 가족이나 친구들에게 미치는 영향은 무엇인가요?"
- "최근 술이나 담배를 사용하는 양상에 변화가 있나요?"
- "절주 및 금연을 하고 있나요? 그렇다면 그 기간은 얼마나 되었나요?"
- "술을 마시고 담배를 피우는 전형적인 시간과 상황은 무엇인가요?"
- "술이나 담배를 하는 이유는 무엇인가요?"

(8) 위험요인

몇 가지의 자살위험요인을 가지고 있다고 해도 대부분의 사람들이 실제로 자살행동을 하지는 않는다. 그러나 여러 위험요인이 동시에 나타나거나 상호작용을 할 때 자살시도나 자살행동으로 이어지게 될 수도 있다(Kellam 등, 1999). 사람마다 각각의 위험요인이 자살행동에 영향을 미치는 정도가 다르며, 한 사람 안에서도 인생의 어떤 시기에 있는지에 따라서 각각의 위험요인이 미치는 영향이 다를 수 있다.

자살에 있어 연령은 높아질수록 위험요인이 되며(Kwan, 1994), 자살생각과 자살시도는 여성이 많이 하는 편이지만 자살의 완결은 남성이 여성보다 2배 이상 높다(통계청, 2015; Frierson, 1991; McIntosh, 1992). 또한 자살의 심리적 요인에서는 우울감에 절망감, 무망감이 더해지면 자살의 위험은 매우 높아진다(Beck 등, 1975). 경제적 요인으로는 갑작스런 재산의 손실이나 장기간의 실직 등으로 경제적 곤란을 겪으며 힘들어지는 경우 위험요인이 되기도 한다(중앙심리부검센터, 2016). 최근 노인들에게 있어 경제적 요인이 신체적 요인 다음으로 위험요인이 된다(통계청, 2015; McCall, 1991; 김형수, 2000).

그리고 친밀한 사람과의 이별이나 사별(백경숙, 권용신, 2005; 박혜옥, 2013), 특히 노인들의 경우 배우자 사별(Gilewski 등, 1991; 박혜옥, 2013)은 매우 높은 위험요인이 될 수 있다. 또 다른 위험요인인 성격적 요인에서는 완벽주의 성향이 있다. 완벽주의란 자신에 대해서 높은 기대를 가지고 있으며 그 기준에 따라서 자신을 엄격하게 평가하고 비난하는 것을 이야기하는데, 이러한 완벽주의적 특성도 자살과 연관되어 있다(Maris 등, 2000). 고통을 참거나 내적인 충동을 억제하기 힘든 충동성, 대부분의 사건과 사람에 대해서 느끼는 적대감과 공격성은 자살 위험성과 관련이 깊다(Bender 등, 2011; Kleiman 등, 2012; 김종혁, 2014). 많은 연구들은 자살행동에 있어 충동성 및 적대감과 관련된 정서와 행동의 역할에 대한 강력한 증거를 제공한다.

자살의 위험요인은 다음과 같다.

- 연령
- 성별
- 심리적 요인(절망감, 무망감 등)
- 경제적 요인
- 사랑하는 사람과의 이별, 사별
- 의미 있는 상실(경제력, 소속감, 희망, 신체의 기능 등)
- 성격상의 특징(완벽주의 성향, 충동적인 성향)

(9) 보호요인

보호요인은 자살위험성을 줄일 수 있고, 어려운 상황에 대처할 수 있는 개인의 능력을 향상시킬 수 있다. 자살행동과 관련된 이전의 많은 연구들이 위험요인을 밝히는데 초점을 두고 있지만, 위험요인에 노출되어 있는 많은 사람들이 자살행동을 하지는 않는다는 점에 관심을 갖게 되면서 최근에는 자살행동과 관련하여 보호요인에 좀 더 관심을 가지는 추세이다. 위험요인에 노출되었다고 해도 다양한 보호요인이 중재할 수 있을 것이라는 가정을 할 수 있으며(Beautrais 등, 2005), 이러한 보호요인들을 자살위기에 처한 사람들에게 인지시키거나 강화시키는 것이 자살위험수준을 낮출 수 있는 방법일 수 있다.

Linehan, Goodstein, Nielsen과 Chiles(1983)에 따르면 삶의 보편적인 이유는 결국 인생에 대처할 수 있다는 믿음, 가족에 대한 친밀감과 책임감의 인지, 친구들과의 유대감, 스스로 긍정적인 성격이라고 여기는 것을 포함한다. 자살의 보호요인 연구에서 자살 의도가 있는 사람들을 없는 사람들과 비교할 때, 앞으로 일어날 일에 대해 긍정적인 생각을 덜 하는 경향이 있는 것을 확인했다. Mann, Waternaux, Haas와 Malone(1999)은 자살을 시도했던 사람들은 그렇지 않은 사람들보다 삶에 대한 이유가 더 적은 경향이 있다고 하였다. 자살위기에 처한 사람이 삶의 이유를 만들거나 찾는 것을 어려워한다면, 자살위기개입자는 그 사람의 과거에 중요했었고 다시 의미 있게 될 이유들을 상기시키도록 격려하는 것이 필요하다.

사회적 지지 체계의 존재는 자살위험을 줄일 수 있는 보호요인 중 하나이다. 사회적 지지체계는 주관적으로 인식하는 가족 구성원, 친구들, 지인 등을 포함하는 지지 세력도 있으며, 객관적인 사회적 기관(군대, 종교 집단, 지역공동체, 사회복지관, 자조 집단 등)도 중요한 지원 체계에 포함된다. 자살위기에 처한 사람이 이용 가능하고 접근이 용이한 사회적 지지체계가 더 많을수록 도움제공을 받을 수 있기 때문이다. 따라서 자살위험성을 평가할 때, 객관적인 지지체계뿐만 아니라 개인이 도움을 받을 수 있다고 인식하는 자원이 있는지를 모두 평가해야 한다(American Psychiatric Association, 2003). 자살위험에 처해 있다고 해도 가족과 친구들을 포함한 심리사회적 지지체계가 구축되어 있고, 그들과 친밀한 관계를 가지고 있다고 인식할 때 자살위험이 상대적으로 더 낮다.

또한 자살의 잠재적 위험성은 종교적 믿음과 신앙생활의 정도에 따라서 다를 수 있다. 일반적으로 종교적 믿음을 가지고 있고, 자살이 도덕적으로 혹은 신앙적으로 위배된다고 믿는 경우 자살행동을 할 가능성이 더 낮다고 볼 수 있다. 신체는 신성하며, 의도적으로 손상을 가해서는 안 된다는 종교적 믿음을 지니고 있는 지역에서는 대체적으로 자살률이 낮다(Griffin-Fennel & Williams, 2006).

자살행동에 대한 또 다른 보호요인은 개인의 성격적 특성과 심리적인 강점을 들 수 있다. 예를 들면, 가족들이 삶의 의미가 되고, 그들에 대한 책임감 또한 보호요인이 된다. 또한 현재 자살위기에 처해 있어서 위기와 관련된 문제를 해결할 수 있는 대처기술이 일시적으로 부족해졌을지라도, 이전 위기 상황에서 건강하고 발달된 대처를 하여 왔거나 인지적으로 유연성이 있다면 현재의 자살 위험을 감소시키는데 기여할 수 있을 것이다. 또한 기질적으로 낙천적이며 긍정적일 경우, 자살위기에 처해 삶이 고통스럽고 해결되지 않을 것 같은 절망감을 가진다고 해도 이러한 보호요인을 가지고 있다면 자살위험성을 낮추는데 큰 도움이 된다고 할 수 있다(Malone 등, 2000).

실업이 자살에 대해 위험요인으로 작용하는 것(통계청, 2015)과 반대로 안정된 고용 상태는 자살위험성을 감소시키는 역할을 한다. 실직의 경우 재정적·경제적 어려움이나 가족 간의 불화와 같은 다른 위험요인들이 동반되기도 한다. 직장이 보호요인이 되는 다른 이유는 재정적인 안정감은 물론이고 일을 통한 성취감과 자존감을 불어넣어 줄 수 있다. 또한 소속감과 심리사회적 지지체계를 구축할 수 있다. 따라서 안정적인 고용상태는 자살위험에 대한 보호요인으로 작용하게 될 것이다.

자살의 보호요인을 정리하면 다음과 같다.

- 성격적 특성(성실성, 낙관성, 긍정성 등)
- 가족, 친구를 포함한 심리·사회적 지지망
- 희망(하고 싶은 일, 가보고 싶은 곳 등)
- 소속감
- 종교적 믿음
- 개인의 심리적 강점(잘 발달된 대처기술, 인지적 유연성 등)
- 건강한 신체
- 안정적인 직장
- 경제적 안정성

3) 간접적 평가

자살위험성평가와 관련된 심리검사는 매우 다양하다. 심리검사는 점수에 따라 위험성의 정도를 추정할 수 있게 해주며, 평가시기에 따라 현재 상태가 어떻게 변화해 가는지를 모니터링 할 수 있게 해 준다. 또한 자살위기에 있는 사람의 상태에 대한 객관적 근거자료로 활용될 수 있다. 자살위험성평가를 위해 심리검사를 활용하기 위해서는 심리검사에 대한 지식과 심리평가 과정에 대한 이해, 그리고 결과를 해석할 수 있는 전문적 지식이 필요하다. 즉, 단순히 점수만을 파악하는 것이 아니라 점수가 의미하는 바에 대한 해석을 할 수 있어야 한다. 자살위기개입자가 이 모든 기능을 가질 필요는 없으며, 필요한 경우 전문가에게 의뢰하여 도움을 받을 수도 있다.

(1) 심리검사의 활용

심리검사는 그 자체로서 자살위험성을 평가하고 자살의 위험을 예측하지 못하고, 자살위험을 평가하는 여러 가지 과정 중 일부에 포함된다는 사실을 기억해야 한다. 따라서 자살의 잠재적 위험성 정도를 단지 심리검사의 결과에만 절대적으로 의존해서 평가해서는 안 된다.

많은 임상적 결과에 의해 만들어진 심리검사는 자살위기에 처한 사람들의 잠재적 위험을 평가하는데 유용한 정보를 제공한다. 심리검사를 시행하고 해석하는 표준화된 지침을 따라야 하며, 검사결과를 해석하고 결과를 토대로 자살위기에 처한 사람들에게 가장 적합한 개입방법을 제안하는 과정까지 적절하게 수행하기 위해서는 고도의 전문적 지식과 훈련, 실제의 경험을 거친 전문가에 의해 전 과정이 실시되도록 하는 것이 좋다.

(2) 측정도구 및 사용방법

① 한국판 자살생각 척도(Korea Beck Scale For Suicide Ideation: KBSI)

KBSI는 Beck, Steer와 Ranieri(1988)가 성인과 청소년들의 자살생각의 심각성을 측정하고 탐지하기 위하여 제작한 21문항의 자기 보고식 질문지이

다. KBSI는 세 부분으로 나누어져 있다. 1부는 1번에서 5번까지인데, 4번이
나 5번 문항에서 1점 이상에 표기한 사람만 2부인 6번에서 19번까지 계속 응
답하도록 되어 있다. 3부는 20번과 21번 문항으로 모든 대상자가 표기하게
되어 있다. 20번 문항은 과거의 자살시도 경험을 확인하며, 21번 문항은 자
살시도 당시의 자살의도를 측정한다. 20번과 21번 문항은 점수에 포함시키
지 않는다. 점수의 범위는 0점에서 38점까지이며, 점수가 높을수록 자살생각
이 많은 것으로 간주된다(이혜선, 권정혜, 2009).

② 자살생각 척도(Scale for Suicide Ideation: SSI)

SSI는 Beck, Kovacs와 Weissman(1979)이 개발한 척도로, 원래 임상면
접을 통해 임상가가 3점 척도로 평가하는 19문항의 검사이다. 그러나 많은
대상자들을 일일이 면담하는 것이 불가능하여 박광배와 신민섭 등(1990)이
기존 질문지 문항에 충실하게 자기 보고형 질문지 형태로 변형하였다. SSI는
자살시도 전에 자살에 대한 심각성을 측정하는 도구로 자살에 대한 생각이
반드시 자살시도를 할 것이라는 것을 나타내지는 않지만, 이후에 발생할 자
살행동에 대한 중요한 예언지표가 될 수 있다(Beck 등, 1979).

③ Beck 절망감 척도(Beck Hopelessness Scale: BHS)

BHS는 Beck, Weissman, Lester와 Trexler(1974)가 개발한 척도로, 미래
에 대한 부정적이고 비판적인 생각을 측정한다. 총 20문항으로 되어 있고 자
신이 느끼는 바를 예/아니오 중 한 가지에 표기하도록 구성되어 있다.

④ Beck 우울 척도(Beck Depression Inventory: BDI-Ⅱ)

개정된 Beck 우울 척도(BDI-Ⅱ; Beck 등, 1996)는 청소년과 어른의 우울
심각도를 평가하기 위해 고안된 21개의 항목들로 구성되어 있다. 각각의 항
목은 3점 리커트 척도로 구성되어 있으며, 총 점수는 0점(우울 증상이 보고되지
않음)에서 63점(극도의 우울증상 보고)까지이다. 0-13점은 아주 적은 우울감,
14-19점은 약간의 우울감, 20-28점은 중간정도의 우울감 그리고 29-63

점은 심한 우울감을 의미한다. BDI – Ⅱ는 10분 이내에 우울증상을 자가보고 할 수 있도록 하는 명확하고 간결한 도구이다. BDI – Ⅱ는 자살생각을 평가하기 위해 만들어진 검사가 아님에도 불구하고 자살의 위험성을 평가하는 하는 것으로 잘못 이용되는 경우가 많다.

⑤ 사회적 지지 척도

사회적 지지 척도는 박지원(1985)이 개발한 척도로서 총 25문항이다. 5점 리커트 척도(1점: 전혀 아니다 ~ 5점: 아주 그렇다)로 응답하도록 되어 있으며, 네 개의 하위 척도로 구성되어 있다. 정서적 지지(7문항)는 사랑, 공감적 경청, 신뢰, 격려, 이해 등에 관한 것이며, 평가적 지지(6문항)는 공정한 평가, 인격 존중, 칭찬, 소질인정, 가치고양, 의사존중 등에 관한 것이고, 정보적 지지(6문항)는 문제해결, 의사결정, 적응, 위기 등의 상황에 관한 것, 물질적 지지(6문항)는 돈, 물건, 서비스 시간 등에 관한 것이다.

⑥ 대인관계 욕구 질문지(Interpersonal Needs Questionnaire Revised: INQ–R)

대인관계 욕구 질문지(INQ–R)는 개인이 다른 사람들과 얼마나 관계되어 있다고 생각하는가와 관련된 소속감 및 주변 사람들에게 얼마나 짐이 된다고 느끼는가와 관련된 짐이 되는 느낌에 대한 신념을 7점 리커트 척도로 구성하였다(1점: 나와 전혀 다르다~7점: 나와 같다). INQ–R은 자기 보고형 질문지로 좌절된 소속감을 측정하는 14개의 문항과 짐이 되는 느낌을 측정하는 8개의 문항으로 구성되어 있던 기존의 질문지에(Van Orden, 2009), 짐이 되는 느낌을 측정하는 9개의 문항을 측정한 질문지를 국내에서는 조민호(2009)가 타당화하여 사용하고 있다. 개정판 대인관계 욕구 질문지는 좌절된 소속감 14문항과 짐이 되는 느낌 16문항으로 구성되어 있다.

⑦ 한국형 알코올 중독 선별검사(National Alcoholism Screening Test: NAST)

NAST는 김경빈, 한광수, 이정국, 이민규, 김유광, 김철규(1991)가 알코올

중독의 단계를 파악하기 위해 개발한 자기 보고식 질문지이다. NAST는 총 12개 문항으로 구성되어 있으며, '그렇다' 2점, '아니다'는 0점으로 처리하며 점수가 높을수록 알코올 중독 심각도가 높다는 것을 의미한다(김경빈 등, 1991). 김경빈 등(1991)의 연구에서는 '그렇다'가 4개 이상인 경우 알코올 중독으로 진단될 가능성이 높다고 제안한 바 있다.

4) 면접을 통한 자살위험성평가

(1) 3단계 자살위험성평가

위급한 상황에서 간단하게 자살위험수준을 평가하고자 할 때는 아래와 같이 3단계로 간단하게 실시할 수 있다. 3단계 자살위험성평가는 그동안 한국현실에 적합하고 자살행동을 적절하게 평가하고 최적의 개입을 제공할 수 있는 자살과정 모델을 기초로 하여 구성하였다.

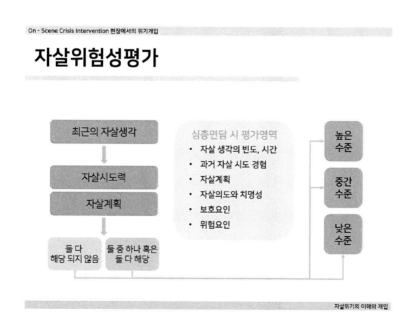

① 낮은 자살위험수준

자살위험성 평가결과 자살생각만이 있을 경우, 낮은 수준으로 분류한다.

② 중간 자살위험수준

자살위험성 평가결과 자살생각과 동시에 자살의도가 있다고 판단되면 중간수준으로 평가한다.

③ 높은 자살위험수준

자살위험성 평가결과 자살생각, 자살계획, 자살의도 모두 있거나 자살계획이 있는 경우는 높은 수준으로 분류한다.

그러나 자살위험성을 평가할 때 자살의 의도, 자살계획의 치명성과 함께 각각의 위험요인이 얼마나 많은지, 보호요인이 있는지 등이 반드시 고려되어야 한다. 예를 들어, 자살위험수준이 중간수준이지만 위험요인이 많고 보호요인이 적은 경우, 좀 더 높은 수준으로 평가하고 행동계획을 세우는 것이 자살위기에 처한 사람을 보호하는 것이 될 것이다.

일반적으로 자살위험성 수준을 세 수준으로 분류하지만 급박한 위기의 경고신호, 자살의 단서들을 나타낸다면 급박한 위기수준으로 분류하여 긴박한 개입을 필요로 할 수 있다. 자살위험성평가는 그 어떤 평가보다 보수적으로 하는 것이 필요한데, 만약 자살위험이 중간수준 이상으로 분류되어야 하는 사례를 자살위기개입자의 안이한 판단으로 낮은 수준으로 분류하여 행동계획을 시행하게 된다면, 자살위기에 처한 사람을 잃을 확률이 높아질 수 있다.

(2) 4단계 자살위험성평가

자살위험성평가를 통해 자살위험성 수준을 분류하게 되는데 급박한 자살위기, 높은 위험, 중간 위험, 낮은 위험수준으로 분류할 수 있다. 그러나 현장에서 자살위기에 처한 사람을 만났을 때 평가들을 모두 시행하고 검토할 시간적 여유가 없을 수 있다. 촌각을 다투는 위기의 순간들에서 자살위기개입자들은 즉각적인 판단과 이를 기초로 하여 적절한 개입을 해야 한다.

자살위험성 수준을 분류하는 이유는 자살위험수준에 따라 자살위기개입자가 취해야 할 조치들과 의뢰해야 하는 기관 등 개입의 방법이 다르기 때문이다. 하지만 이러한 위험수준 분류가 반드시 정확한 것은 아닐 수 있다. 평가에 있어 많은 경우의 변수를 인식하고 있어야 하며, 유연하고 효과적인 판단이 필요하다. 아래에 제시되는 자살위기수준에 대한 기술과 이에 따른 행동개입 계획은 많은 자살위기개입전문가의 연구결과와 자료를 기초로 구성하였다.

① 급박한 자살위기수준

자살위기개입자가 급박한 자살위기개입에서는 최대한 빠른 시간 안에 자살위기에 처해 있는 사람의 상태를 평가해야 하는 것이 급선무다. 가장 우선시해야 할 평가는 그들의 안전 확보이며, 그들이 자살에 사용할 수 있는 치명적 도구(예; 약물, 칼 등)를 확인하여 제거해야 한다.

급박한 자살위기에 처해있는 경우 다음과 같은 상태를 확인해 보아야 한다.
- **언어적 상태**: 자살위기개입자의 질문에 제대로 된 맥락으로 이야기 하고 있는가?, 자신의 의사를 제대로 표현하고 있는가?
- **인지적 상태**: 사람, 장소, 시간에 대한 인식이 되고 있는가? 상황에 대한 판단, 기억력과 지적 기능에 문제가 있는가?
- **정서적 상태**: 극도로 불안한가? 극도로 우울한가? 적대감을 과하게 나타내는가? 상황과 맞지 않는 정서 상태인가?
- **외모**: 상황에 적절한 의복을 착용하고 있는가? 단정하지 않거나 청결하지 않은가?
- **행동**: 얼굴표정이 어떠한가? 눈 맞춤은 되는가? 자살위기개입자와 상호작용이 되고 있는가?

다음과 같은 경우라고 확인되었다면 급박한 자살위기일 수 있다.
- 강렬하며, 지속적인 자살생각을 보인다.
- 분명하고 구체적인 자살계획을 가지고 있으며 자살에 사용할 수단을

확보하고 있다.
- 분명한 자살의도를 가지고 있다.
- 이전에 치명적인 방법으로 자살을 시도한 경험이 있다.
- 정서적으로 매우 불안정하며 심한 정서적 고통을 호소하고 있다.
- 폭음을 하거나 약물을 복용하고 있다.
- 사회적으로 고립되어 있으며 주위에 도움을 제공할 수 있는 가까운 사람이 없다.

급박한 자살위험수준일 경우 다음과 같은 행동계획을 세울 수 있다.
- 자살의 치명적인 수단을 제거하고 접근을 제한하여 안전성 확보하기
- 일단 안정이 되면 즉각적 치료체계 수립하기
- 가족의 도움을 청하고 사회적 네트워크 형성
- 정신과 입원 및 치료

② 높은 자살위험수준

자살위험평가수준을 분류할 때 자살생각과 자살의도(자살생각이 통제가 되지 않아 자주 자살생각을 하며, 한 번 자살생각이 들면 지속시간이 길어지고, 자살이 삶의 목적이 되어감)가 강하고, 자살계획이 매우 구체적이며 치명적인 도구를 사용하려 한다면 높은 자살위험수준으로 분류한다.

또한 정서적으로 불안정하고 불안해하거나 심한 음주, 흡연 등으로 인해 위기에 대한 대처능력을 상실했는지 확인해야 한다. 자살위기에 처한 사람을 지지할 수 있는 사회적 지지체계나 주위 사람들, 가족 등이 부족하며, 보호요인은 적고 위험요인이 더 많을 경우 높은 위기수준으로 분류하게 된다.

높은 자살위기수준의 경우는 다음과 같은 특성을 보인다.
- 빈번하고, 지속적인 자살생각을 보인다.
- 분명하고 구체적인 자살계획을 갖고 있다.
- 분명한 자살의도를 보이거나, 자살의도에 대해 보고하지는 않지만, 객

관적으로 보기에 자살의도가 있음이 확인된다. 예를 들면, 자살계획에 있어서 치명적인 수단을 선택하거나, 그 수단이 이용가능하고 접근 가능한 상태이거나, 본격적으로 자살시도를 하기 전에 준비 행동들을 하고 있다.
- 심한 음주나 흡연 등 자기행동을 통제할 능력이 손상되어 있고, 충동적인 양상을 보인다.
- 정서적 불안정성과 불안을 경험한다.
- 여러 가지 위험요인들이 존재한다. 예를 들면, 심한 경제적 어려움을 겪고 있으며, 건강이 최근에 악화된 경우를 말한다.
- 보호요인은 매우 적거나 거의 없다. 특히 사회적 지지체계가 결여된 상태이다.

높은 자살위험수준일 경우 다음과 같은 행동계획을 세울 수 있다.
- 정서적 고통을 완화시키기
- 면접 후 안전계획을 신속하고 즉각적으로 수립하기 위해 24시간 지지하고 사후관리하기
- 자살의 치명적인 수단을 제거하고 접근을 제한하기
- 일단 안정이 되면 정신건강이나 심리·사회적 문제, 위기예방 전략들에 대한 전체적인 평가 실시하기
- 가족의 도움을 청하고 사회적 네트워크 형성
- 치료체계 수립

③ 중간 자살위험수준

중간 자살위험수준은 자살에 대해 자주 생각하며 자살의 의도를 보이고는 있으나 살고 싶은 마음과 죽고 싶은 마음이 공존하는 양가감정을 나타낸다. 자살계획은 모호하고 구체적인 준비를 하지는 않은 상태이다. 심한 불안 증상을 보이지는 않지만 우울감이나 불안을 나타내기도 한다. 음주문제로 인한 충동적 행동 가능성을 평가해야 한다. 몇 가지 보호요인이 존재하며, 위

험요인이 다소 있기도 하다.

중간 자살위험수준의 경우는 다음과 같은 특성을 보인다.
- 자살에 대해 자주 생각한다.
- 자살계획이 모호하거나 구체적인 준비를 하지 않았다.
- 자살의도를 보이고 있으나 자살에 대한 양가감정이 남아 있다.
- 정신장애에 대한 약간의 증거가 있을 수 있지만, 심한 불안 증상을 보이지 않는다.
- 음주를 조절하지 못하는 등 충동적인 행동을 할 가능성이 있다.
- 위험 요인이 존재한다.
- 이용할 수 있는 사회적 지지체계를 포함하여 몇몇 보호요인이 존재한다.

중간 자살위험수준일 경우 다음과 같은 행동계획을 세울 수 있다.
- 정서적 고통을 완화시키기
- 72시간에서 1주일 사후관리하기
- 안정이 되면 정신건강이나 심리사회적 문제, 위기예방 전략들에 대한 전체적인 평가 실시하기
- 가족에게 도움을 청하고, 사회적 네트워크 형성

④ 낮은 자살위험수준

자살생각을 통제할 수 있는 수준이며, 구체적으로 자살계획을 세우지는 않은 상태이다. 자살의도도 분명하지 않고, 양가감정을 가진 상태여서 개입의 가능성이 많은 단계이다. 불안정하고 불안할 수는 있으나 자신이 통제 가능하고 위험요인보다는 보호요인이 많은 편이다.

낮은 자살위험수준의 경우는 다음과 같은 특성을 보인다.
- 자살에 대해 일시적으로 또는 간헐적으로 생각한다.

• 구체적인 자살계획을 세우지 않았다.

• 자살의도가 분명하지 않으며, 자살에 대한 양가감정을 가지고 있다.

• 불안정한 심리적 상태일 수 있지만, 자기 통제가 가능하다.

• 위험 요인의 수가 적고, 사회적 지지체계를 포함한 보호요인이 존재
  한다.

낮은 자살위험수준일 경우 다음과 같은 행동계획을 세울 수 있다.

• 자살 관련된 사후관리가 특별히 요구되지는 않는다.

• 정서적 고통을 완화시킨다.

• 정신장애 여부를 탐색한다.

• 만일 있다면, 치료계획을 마련한다.

자살의 위기개입

육성필(2002)은 어느 한 접근만으로는 자살과 관련된 문제를 해결할 수 없으며, 다양한 접근을 통합하여 이해하고 지역사회에 기반한 다양한 접근과 개입이 되어야 한다는 것을 제안하였다.

앞에서는 자살의 이해, 자살위기 상태의 심리적 특성 그리고 자살위기 상태에서의 반응들 그리고 자살위험성평가, 자살위험수준분류를 위한 실시 방법들을 살펴보았다. 이 장에서는 총괄적으로 자살위기개입 시 자살위기개입자가 가져야 하는 태도와 철학, 의사소통 방법, 특별히 주의해야 할 사항, 그리고 실제 자살의 위기개입 시 지역사회를 기반으로 한 네트워크 구축 등에 대한 전반적인 지침들을 설명할 것이다.

1. 자살위기개입자의 역할

1) 자살위기개입자의 태도

자살위기개입자들은 자신의 자살에 대한 태도에 대해 검토해 볼 필요가 있다. 자살행동을 하는 사람들에 대한 오해와 편견은 없는지, 자살하려는 사람을 정신질환자로 낙인 찍고 있는 것은 아닌지에 대한 점검이 필요하다. 또한 자살에 대해 기본적으로 허용적인지에 대한 것도 점검해 보아야 한다. 만약 자살위기개입자가 저 정도로 힘들고 대안이 없다면 죽는 게 낫다고 생각한다면, 자살위기개입자 자신이 자살행동에 대해 허용적일 수 있다. 이러한 가치관, 태도를 가진 자살위기개입자가 개입을 하는 경우 자살행동을 하는 사람의 심적 고통에 대한 진정한 이해와 공감을 가진 태도로 개입하는 것과는 전혀 다른 결과가 나타날 수 있다. 자살위기개입자들이 죽음과 자살에 대해서 개입자로서의 올바른 태도와 철학을 수립했을 때 자살위기개입에서 경험할 수 있는 혼란과 두려움이 감소된다. 자살과 관련된 태도와 더불어 자살위험평가 및 개입에 필요한 최소한의 기본적인 능력을 갖추어야 한다(Schmitz 등, 2012). 자살위기 관련 교육을 충실히 받는 것은 잠재적이고 부정적인 결과에 대한 두려움을 줄이는 것뿐만 아니라 자살에 대한 지식, 기술을 향상시키는 데 있어 중요한 첫 걸음이 될 수 있다. 또한 Kaslow(2004)는 경험과 학습만이 아니라 슈퍼비전의 중요성을 강조하였다. 그러나 현실에서는 많은 자살관련 실무자들이 자살에 관한 훈련을 정기적으로 받으려 하지 않는 경향이 높다(Rothes 등, 2014; Schmitz 등, 2012). 자살과 관련해서 훈련이 부족한 실무자는 자신의 전문성 수준을 과대평가할 수 있으며, 실제로 개입을 할 때 유능하지 않을 수도 있다(Scheerder 등, 2010). 자살위기 관련 교육 혹은 훈련을 더 많이 받은 자살위기개입자들은 그렇지 않은 개입자들보다 더 많은 전문성과 지식을 가진다. 뿐만 아니라, 실제적 개입기술을 가질 수 있고 대상자가 자살할 것에 대한 두려움이나 불안함을 덜 가질 수 있으며, 좀 더 효과적으로 개입할 수 있을 것이다. 자살위기개입자에게 가장 불안하고 두려운 것은 자살위기개입서비스를 받은 사람이 자살로 사망하는 것이다. 전문가로서 최선을 다하지만 두려워하는 상황이 실제로 발생할 가능성도 배제할 수는 없다. 그러나 구조화된 매뉴얼, 프로토콜에 의한 반복적 훈련 그리고 경험이 쌓이면 자살위기개입서비스를 받은 사람이 죽음과 관련된 불안이 전혀 없는 것은 아니더라도 좀 더 숙련되고 안정된 태도로 효과적 개입을 할 수 있게 될 것이다.

2) 자살위기개입자의 의사소통

(1) 비언어적 의사소통을 활용하라

자살위기에 처한 사람들은 주변에 죽고 싶을 만큼 고통스러운 심적 고통을 전달하고자, 도움을 청하기 위해 혹은 자신의 억울함 등을 표현하고 싶어 한다. 그런데 정서적으로 압도되거나, 경우에 따라서 인지적인 왜곡으로 인해 자신의 감정, 생각들을 적절히 설명할 수 없는 경우도 있고, 이야기할 수 없을 것 같다고 인식하기도 하며, 설령 이야기한다고 해도 아무도 이해해 주지 않을 것이라 생각하여 자신의 의사소통방식으로 자살행동을 선택할 수 있다는 것을 자살위기개입자들은 이해하고 있어야 한다.

자살 위기상태일 때는 언어적으로 정확하고 구체적으로 자신의 상태를 설명하기 힘들 수 있으므로, 자살위기개입자는 자살위기에 처한 사람들이 나타내는 비언어적인 행동도 모두 탐색할 수 있어야 한다. 즉 침묵의 사용, 얼굴표정의 변화, 눈 맞춤, 목소리 톤(떨리는지, 가라 앉아 있는지, 격앙되어 있는지 등), 비언어적 행동들(손톱을 지속적으로 뜯는 것, 손이나 발을 떠는 것 등)도 의사소통의 방법임을 인식하여 민감하게 관찰해야 한다.

(2) 적극적 경청을 하라

① 주의집중, 경청

주의집중은 자살위기개입자가 신체적으로 자살위기에 처한 사람에게 향해야 한다는 것을 뜻하며, 이러한 태도는 자살위기에 처한 사람에게 주의를 기울여 그들의 이야기를 들을 준비가 되었다는 것을 표현하는 것이다. 반면 경청하기는 자살위기에 처한 사람의 이야기를 주의 기울여 듣고 공감하는 것이다. 그저 듣는 것이 아니라 이야기 안에서 진짜 의미를 찾고 진심으로 이해하려 노력하는 것이다.

② 공감적 반영

자살위기에 처한 사람의 감정을 강조하며 진술을 반복하거나 부연 설명해 주는 것이다. 그들이 이야기한 것, 느끼는 것, 비언어적 행동이나 메시지 내용을 추론, 부연하여 자살위기개입자의 언어로 다시 이야기해 주는 것이다. 이러한 반영은 자기가 이해받고 있으며, 자신을 스스로 이해할 수 있는 기회 또한 제공할 수 있다. 또한 대화 중에 일시적인 멈춤이 생겼을 때 효과적으로 사용할 수 있으며 관계없는 주제로 흘러갔을 때 원래의 초점으로 돌리고자 사용할 수 있고, 정서적으로 활성화되어 흥분상태일 때 잠시 쉬어가게 할 수 있는 역할도 하게 된다. 또한 말로 표현하는 것뿐만 아니라 자세, 목소리의 어조, 눈빛 등에 의해 표현되고 있는 것도 반영해 주는 것이 필요하다.

"그때 당신은 매우 놀랐겠어요."

"당신은……라고 느끼시는 것 같아요."

"나에게는 당신이……해서 화가 나있는 것처럼 들려요, 그런가요?"

"~했었기 때문에 당신이 속상하신 거네요."

"그 이야기를 하실 때 호흡이 가빠지고 말도 빨라지신 것 같은데, 화가 많이 난 것 같아요."

③ 요약하기

자살위기에 처한 사람이 말한 내용을 자살위기개입자의 언어로 간단하게 요약해 주는 것이다. 이야기 과정에 시간상 흐름이 뒤섞이거나 내용이 너무 적거나 많은 경우, 혹은 면담이 끝나가는 시점에서 이야기를 전체적으로 정리해 주는 역할을 하게 된다. 자신이 이야기했어도 정리가 안 되었거나 인식하지 못했던 것을 자살위기개입자가 정리해 줌으로써 스스로 이해하고 인식하게 된다.

"그래서 다른 말로 하면……하다는 건가요?"

"제가 듣기에는 ~처럼 들리는데, 제가 잘 이해했나요?"

"~해서 ~되었다는 거네요. 그래서 ~감정을 느끼셨고요."

"그 말씀은 ~라는 거죠?"

(3) 정서를 반영해라

① 라포를 형성하기

자살위기개입은 짧은 시간에 이루어져야 하는 특성이 있다. 따라서 초기 면담 시 자살위기상황에 대한 정의를 다루면서 라포를 형성해야 할 경우가 많다. 자살위기개입자는 최대한 적극적 경청과 안정된 태도를 유지하면서 신뢰감을 제공해야 한다.

② 정서적 표출 격려하기

자살위기에 처한 사람들은 자신의 감정을 표현하지 않거나 억압하고 있는 경우가 많다. 자살위기개입자와의 대화가 감정적 표출의 안전지대임을 인식하도록 하는 것이 중요하다. 또한 그들이 죄책감, 수치심을 포함한 심적 고통, 우울, 슬픔, 분노 등을 충분히 표현하도록 돕는다.

③ 경험한 정서에 '명명하기'

자살위기에 처한 사람들이 감정을 표현하기는 하지만 그것이 어떤 감정 인지 인지하지 못할 수도 있다. 자살위기개입자는 자살위기에 처한 사람들 이 표현하는 감정들에 이름을 붙여주는 것이 대상자들이 자신의 감정을 인 식하는데 효과적일 수 있다.

"그건 슬픔일 수 있겠네요."
"화가 많이 나신건가요?"
"우울하셨던 거예요."
"불안하셨다는 건가요, 그런가요?"

3) 자살위기개입자들이 명심할 사항들

자살위기개입의 실제 현장에 들어가기 전에 위에서 언급되었던 내용들 중, 자살위기개입자들이 반드시 명심해야 할 사항들을 재검토해 보면 다음과 같다.

- 시간을 벌어라.
- 자살의 징후들, 단서에 주목하라.
- 도움을 청한 것이 다행이라고 여기게 하라.
- 급박한 위기상황이 아닌 경우에는 상황보다 감정에 집중하라.
- 적극적으로 경청하고 공감하라.
- 조언, 설교, 판단, 직면 등을 하지 마라.
- 적극적으로 질문하라.
- 수동적으로 혹은 과도하게 반응하지 마라.
- 자살이 문제의 해결책이 아님을 이해시키도록 하라.
- 자살의 옳고 그름에 대해 논쟁하지 마라.
- 개입 시 지키지 못할 약속은 하지 마라.
- 이용 가능한 자원을 탐색하고 연결하라.
- 개입의 종결을 너무 빨리 하려고 하지 마라.
- 모든 과정을 기록으로 남겨라.
- 자살안전계획 동의서를 만들어라.
- 혼자 해결하지 말고 팀을 이루도록 하라.
- 완전히 모든 것을 책임질 수 없다는 사실을 인정하라.
- 지속적 관심과 사후관리를 잊지 마라.
- 자살의 위기개입은 치료가 아니다.

4) 자살위기개입자의 소진

(1) 소진(burn out)

자살위기에 처한 사람을 위해 서비스를 제공해야 하는 자살위기개입자들은 자살위기에 처한 사람들의 언어적·비언어적 의사소통 방식에 집중해야 하며, 위험성 평가와 개입을 동시에 진행해야 하고, 극도의 긴장 상황을 견디면서 서비스를 제공해야 한다. 게다가 개입과정에서 자살위기에 처한 사람의 자살 시도 혹은 자살의 완결에 이르는 결과까지 경험하게 될 수도 있다. 자살위기개입 현장에서 긴장과 업무량의 과부하를 지속적으로 경험하게 되면 개입자들의 에너지가 고갈되고, 저항력이 떨어지게 되며, 여러 기능적 면에 부정적 영향을 주어 과업 수행을 적절하게 수행하지 못할 수 있다 (Vegnega & Spradley, 1981). 이러한 현상들을 소진(burn out)이라 한다. 소진은 정서적·행동적·인지적으로 자살위기개입자들에게 영향을 미칠 수 있고, 이 상태를 돌보지 않게 되면 자살행동(Gilliland & James, 1993)으로 이어질 가능성이 있다.

(2) 소진의 증상

일반적으로 자살위기개입자들은 자신의 정서적·신체적 상태를 무시하거나 돌보려 하지 않는 경향이 있다. 이러한 특성은 본인과 가족, 동료, 심지어 자살위기에 처한 사람들에게 부정적 영향(Maslash & Jackson, 1986; Debski 등, 2007)을 미친다.

소진의 초기에는 신체적 증상으로 피로, 수면문제, 두통, 위장장애가 있을 수 있으며 정서적으로는 예민해지고 불안, 우울, 무기력감을 느낄 수 있다. 행동적으로는 냉소적, 알코올이나 약물 남용 등이 있고 즐거움이 감소되고 일에 대해 두려움을 느껴 비관적이고 공격적이 되기도 한다. 업무적으로는 결정이 지연되거나 지각, 조퇴, 장기 결근으로 이어지며 업무 효율성이 극도로 저하되고 이직을 생각하거나 과잉 행동 등도 보일 수 있다. 대인관계에서는 눈 맞춤이 어렵고 주변 사람들과의 관계에서 고립되려 하며, 피상적 대화를 억지로 나누게 된다(Gilliland & James, 1993).

(3) 소진을 위한 개입

자살위기개입자가 자살위기개입을 하는 과정에서 소진을 경험하고 있다면, 다음과 같은 개입을 통해 도와주어야 한다.

① 슈퍼바이저 혹은 멘토를 만나도록 한다.

② 동료들과 감정을 다루고 도움을 청하도록 한다.

③ 개인 상담을 받도록 한다.

④ 자신의 솔직한 개인적 욕구를 인식할 수 있도록 한다.

⑤ 전문성의 한계를 인식하도록 한다.

⑥ 개방적인 태도를 가지도록 한다.

⑦ 비합리적 목표와 기대를 수정하도록 한다.

⑧ 자기관리를 강화할 수 있도록 돕는다.

2. 자살의 위기개입 모델(SAFER-R Model)

1) S: 안정화(Stabilize)

(1) 자기소개

• "안녕하세요, 저는 △△△센터에서 일하는 자살위기개입전문가 □□□
입니다. 오시느라 고생하진 않으셨어요? 덥죠? 오늘 ○○○ 씨의 이야
기를 듣고 도움이 되어 드렸으면 합니다. 제가 도와드릴 수 있는 부분
이 있다면 도와드리고 싶어요. 우선 ○○○ 씨의 이야기를 해주실 수
있을까요? 편안하게 하셨으면 합니다."

(2) 비밀보장, 과정소개

• "우선 오늘 저하고 나누는 면담 내용은 절대 어디에도 알려지지 않을
겁니다. 그렇지만 자살 혹은 살인에 대한 내용이나 법적인 문제와 연관
이 되는 이야기는 비밀을 보장해 드릴 수 없어요. 그 이유는 ○○○ 씨
를 보호하고 도와 드리려는 것입니다. ○○○ 씨의 현재 심적 고통이
가라앉을 수 있도록 돕고 싶어요."

• "이제 저와 ○○○ 씨가 면담을 통해 현재 고통받고 계시는 자살생각

에 대한 이야기를 우선 해볼게요. 그런 다음에 함께 그 어려움들을 해결해 보도록 노력해 봐요. 해보시겠습니까? 제가 옆에서 돕겠습니다."

(3) 라포 형성

자살 위기개입에서의 라포 형성은 시간적 제약이 있으므로 짧은 시간에 이루어져야 하는 특성이 있다. 면담 초기에 언어적, 비언어적으로 자살위기에 처한 사람의 어려움을 진심으로 공감하고 도와주려는 마음이 전달되어야 한다.

2) A: 인정하기(Acknowledge the crisis)

자살위기에 처한 개인의 이야기를 충분히 듣고 자살위기에 처한 사람의 감정들에 대한 타당화 작업을 하면서 자살생각, 자살계획, 자살시도력, 자살의도, 자살방법의 치명성 등에 대한 질문을 하여 자살위험수준을 평가하고 분류하는 작업을 포함하도록 한다.

(1) "이야기"하도록 격려하기

자살위기에 처한 사람들이 자신들의 "이야기"를 편안하게 말할 수 있도록 격려한다. 자살위기개입자는 그들이 이야기하는 동안 반영적 경청을 하며, 경청을 하기 위한 언어적·비언어적인 태도를 가지고 있어야 한다.

- "우선 ○○○ 씨의 이야기를 해보도록 하죠. 편안하게 이야기를 해 주세요."
  "어떤 이야기부터 하고 싶으세요?"
  "오늘 어떤 이야기를 하고 싶으세요?"
  "많이 힘들다고 하셨는데 어떤 게 힘들었는지 이야기해 주실래요?
  언제든지 힘드시고 불편하시다면 말씀하세요. 쉬었다 하셔도 됩니다."
- "네. 이야기를 들어보니 많이 힘드셨네요. 일반적으로 그런 상황에서는 심적 고통이 너무 커서 자살생각을 할 수도 있습니다. 지금 경험하

시는 생각이나 감정들이 이상한 것은 아닙니다. 충분히 그러실 수 있어요."

"조금 더 이야기해 보시겠어요?"

"또 이야기하고 싶으신 게 있으세요?"

"조금 더 구체적으로 말씀해 주실래요?"

(2) 자살위험성평가 및 자살위험수준 분류

자살생각, 자살계획, 자살의 치명성, 자살시도력, 자살의도, 위험요인, 보호요인 등에 대해 질문하여 자살위험성평가를 하고, 자살위험수준을 분류하도록 한다. 급박하지 않은 경우에는 자살위험성평가기록지[1])를 사용하여 다양한 정보를 얻어 자살위험성평가를 실시할 수 있겠지만, 그럴 환경이나 여건이 되지 못한 경우에는 위에서 설명한 간단한 질문을 통해 3단계 자살위험성평가를 즉시 해볼 수 있다. 대부분의 자살위기 현장에서는 간단한 질문을 통해 자살위험성평가와 자살위험성수준분류를 하는 경우가 많다.

- "자살을 생각하고 계신가요?"

  "최근 한 달 이내에 자살생각을 하신 적이 있나요?"

  "자살생각이 있다고 하셨는데, 얼마나 자주 자살생각이 나세요?"

  "자살생각이 떠오르면 얼마나 오랫동안 지속되세요?"

  "자살생각이 날 때, 스스로 통제가 되세요?"

  "자살생각이 났을 때, 어떤 생각으로 통제하셨어요?"

  "자살생각이 날 때, 어떤 방법이 통제하는데 효과적이셨어요?"
- "자살계획을 세워보셨나요?"

  "어떤 방법을 생각하셨나요?"

  "언제로 계획을 세우셨나요?"

  "그 방법을 위해서 준비해 놓으신 것이 있나요"

  "약을 모아놓으셨다고 하셨는데 그 약을 저에게 주세요."

---

1) [별첨 2]

"그 약을 제가 처리하겠습니다. 주실 수 있죠?"

- "자살을 시도하셨을 때, 어떤 방법을 사용했나요?"

  "이전에 자살시도를 몇 번 하셨나요?"

  "자살시도 후 어떤 생각을 했나요?"

  "자살시도 후 어떤 느낌이셨어요?"

- "최근 힘든 스트레스 사건을 경험하셨나요?"

  "견딜 수 없다고 느낄 만큼 힘든 일이 있으셨나요?"

  "최근 감당할 수 없다고 느낄 만한 일이 있으셨어요?"

- "가장 먼저 누가 생각났나요?"

  "현재 주위에 ○○ 씨를 이해해 줄 사람이 있나요?"

  "만약 누군가에게 도움을 청하려 한다면, 누가 생각나세요?"

  "도움을 청했을 때 누가 도와줄 것 같으세요?"

  "그동안 누가 가장 ○○ 씨를 이해해 주셨나요?"

(3) 가장 힘든 것, 가장 원하는 것 탐색

- "현재 가장 힘드신 건 무엇인가요?"

  "현재 어떤 점이 ○○ 씨를 가장 힘들게 하나요?"

  "지금 경험하시는 것들 중 어떤 게 가장 힘든가요?"

  "~가 가장 힘들다고 하셨는데, 좀 더 자세히 이야기해 주실래요?"

- "현재 어떤 게 해결된다면 심적 고통이 감소될 것 같으세요?"

  "자살생각이 가라앉기 위해서 어떤 점이 해결되면 좋으시겠어요?"

  "현재 가장 원하는 게 무엇인가요?"

  "~해서 그렇게 힘들다고 생각하셨나 봐요. 제가 이해한 게 맞나요?"

  "그러시다면 만약 어떤 게 해결되면 지금 죽고 싶다고 생각할 만큼 힘드신 게 조금이라도 나아질 것 같으세요?"

(4) 자살관련 정서·인지·행동 반응 탐색

사람마다 스트레스에 대한 반응은 개별적이다. 자살위기개입자는 스트레스로 인한 정서적·인지적·행동적 반응이 개인마다 다양하게 나타난다는 것을 자살위기에 처한 사람에게 이해시키는 작업이 필요하다. 대부분의 사람들은 그 반응들이 스트레스 반응인지 지각하지 못하는 경우가 많은데 이 반응들을 당황스럽고, 이상하다고 생각할 수 있기 때문이다. 스스로 자신의 반응을 탐색해 볼 수 있도록 하며, 그 반응들을 이해할 수 있도록 돕는다.

- "현재 경험하시는 반응들(인지적·정서적·행동적)은 이상한 것이 아니라 자연스러운 것일 수 있어요."

  "좀 더 구체적으로 그 반응들에 대해서 이야기해 주시겠어요?"

  "최근에 경험하고 계시는 것 중에 가장 힘든 게 어떤 거세요, 예를 들면, 불편한 생각들이 문득문득 난다거나, 예전에 그렇지 않았는데 갑자기 슬퍼진다거나 화가 난다거나 하는 것 등이요. 아니면 음주량이 통제가 안 될 정도로 증가했다든지, 본인에게 당황스러운 변화 같은 거 말이에요."

- "자살생각 혹은 시도를 하셨을 때, 어떤 생각을 하셨나요? 구체적으로 설명해 주실 수 있겠어요?"

  "어떤 생각이 자살시도로 이어졌나요?"

  "자살생각을 하실 때의 상황에 대해 이야기를 해 주세요."

  "자살로 어떤 변화를 원하셨어요? 어떤 변화가 생길 것 같으셨어요?"

- "자살생각 혹은 시도를 하셨을 때 어떤 느낌이 드셨어요?"

  "어떤 감정을 느끼셨나요?"

  "어떤 마음이 가장 강하게 드셨어요? 구체적으로 이야기해 주실 수 있으세요?"

- "자살생각 혹은 시도를 하실 당시에 어떤 행동을 하셨나요? 구체적으로 이야기해 주시겠어요?"

  "술이나 약을 드셨나요?"

  "자살생각 혹은 시도를 할 당시 공격적 행동을 하신 적이 있나요? 만약 있다면 구체적으로 설명해 주세요."

3) F: 이해 촉진하기(Facilitate Understanding)

정상화하기: 자살위기에 처한 사람들의 반응에 대한 탐색과 이해를 돕는 방법으로 그 반응들이 이상한 것이 아니라 그러한 상황에서 그럴 수 있다는 것을 이해시킨다.

- "~해서 ~하셨다는 거죠?"
  "많이 힘드셨죠. 사람들이 그렇게 힘든 상황을 경험하시면 자살생각을 할 수도 있어요. 당신이 이상하거나 나약해서가 아니라 그런 상황이시라면 그러실 수 있어요."
  "현재 경험하시는 심리적 고통은 자살생각을 할 정도로 힘드셨을 거예요."
- "이제부터 저와 심리적 고통으로 인한 자살생각을 줄일 수 있는 방법을 강구해 보도록 해요. 해보실 수 있겠어요?"
  "할 수 있을 것 같으세요?"
  "충분히 하실 수 있을 거예요. 제가 그 문제를 해결할 수는 없겠지만 옆에 있어 드릴 수는 있을 것 같아요. 제가 돕겠습니다."

4) E: 효과적인 대처 권장하기(Encourage Effective Coping)

(1) 정서표출 돕기

자살위기개입에 있어서 중요한 것은 가장 먼저 자살위기에 처한 사람의 현재 감정을 충분히 표현할 수 있도록 돕는 것이다. 자살위기개입자와 라포 형성이 되었다면, 지금이 감정적 표출의 안전지대임을 인식하게 하여 자살위기에 처한 사람들이 일반적으로 경험할 수 있는 우울감, 고통스러움, 죄책감, 수치심, 슬픔, 분노 등을 편안하고 충분히 표현할 수 있도록 돕는다.

- "그 당시 어떤 느낌이 들었는지 이야기해 주실 수 있겠어요? 편안한 맘

으로 말씀하세요. 힘드시면 말씀하시구요."

- "현재 어떤 느낌인지 구체적으로 설명해 주시겠어요?", "네, 그런 이유로 매우 화가 나셨나 봐요."

"제 느낌엔 ○○ 씨가 많이 슬프실 것 같아요."

"~한 이유로 화가 많이 나셨네요. 얼마나 화가 나셨는지 이야기해 주실래요?", "그 슬픔을 충분히 표현하셔도 괜찮아요. 눈물이 나시면 우셔도 상관없어요. 참으실 필요 없으세요."

(2) 스트레스 대처와 관리전략 탐색

현재 경험하는 스트레스에 대한 대처방법에 관해 질문하고, 이전에 비슷한 스트레스 상황일 때 어떻게 극복했는지에 대해 질문하도록 한다. 자살위기에 처한 경우 대부분 문제해결 대안을 찾는 것이 힘들고, 결정을 내리기 힘들어 하거나 결정을 지연하는 경우가 많다.

- "○○○ 씨, 이전에 이렇게 힘든 일이 있을 때, 어떻게 해결하셨어요?"

"이렇게 스트레스 받을 때 어떤 방법으로 해결하셨어요?"

"지금 ○○○ 씨가 하실 수 있는 방법이 어떤 게 있을까요?"

"어떤 방법을 사용하시면 지금 힘든 맘이 좀 가라앉을 수 있을까요?"

"만약 ○○○ 씨 친구 분이 지금 같은 상황이라면, 뭐라고 이야기해 주실래요?"

- "잠을 못 주무시는 게 가장 힘들다고 하셨죠? 이전에 잠을 잘 못 주무실 때 어떻게 하셨어요? 술 드세요? 커피는요? 커피나 술은 숙면을 방해해요. 조금 줄여보실 수 있을까요?"

"어떻게 줄일 수 있을까요?"

(3) 정보제공, 사회적 지지망 확인

자살위기상황에 처했을 때는 자신이 가지고 있는 대처능력, 자원들이 기억나지 않거나 활용이 용이하지 않을 수 있다. 자살위기개입자는 이러한 점을 이해하고 자살위기에 처한 사람들에게 이용 가능한 구체적인 정보를 제공하며, 도움을 제공할 수 있는 사회적 지지망에 대한 확인과 평가를 해야 한다.

- "현재 도움을 청했을 때 도와줄 수 있는 사람이 누군가요?"

  "지금 누군가에게 연락을 한다면 누구에게 해보시겠어요?"

  "다니시는 복지관에서 누가 ○○ 씨를 이해해 주고 도움을 줄 것 같으세요?"

  "그 분은 현재 도움을 청했을 때 오실 수 있는 거리에 계신가요? 오실 수 있는 상황인가요?"

(4) 문제해결과 대처방안

자살위기상황에서는 이전에 잘 발휘되었던 대처능력이 활용되지 못하며, 이용 가능한 정보조차 기억나지 않을 수 있다. 정서적·인지적으로 압도되어 조망능력이 좁아질 수 있으므로 자살위기개입자는 자살위기에 처해 있는 사람 자신이 이용했거나 활용 가능한 대안들을 기억하거나 생각할 수 있도록 돕는다. 또한 현재 가장 힘들게 하는 사건에 대해 구체적으로 탐색할 수 있도록 도와주며 해결할 수 있는 방안들을 현실적이고 구체적으로 생각해 보게 한다.

- "제가 그 상황을 해결할 수 있는 건 아니지만, 죽는 방법 말고 다른 대안이 있는지 ○○○ 씨와 같이 이야기하고, 방법을 탐색해 볼까요? 어떠세요?"

  "○○ 씨는 현재 너무 힘들고 그 문제가 해결할 수 없을 거라고 인식되어서 죽음을 선택하고 싶어 하시는 걸 수 있어요. 심적으로 너무 힘들면 그럴 수 있거든요."

  "혹시 그 문제에 대해 구체적으로 이야기해 볼 수 있을까요?"

  "어떠세요? 더 많은 대안을 구체적으로 의논해 볼까요?"

  "혹시 이 방법들 중에 ○○ 씨가 적용해 볼 수 있는 것이 있을까요?"

"어떤 대안을 해볼 수 있겠어요?"

"어떻게 해보고 싶으세요?"

5) R: 의뢰/회복(Referral/Recovery)

이전에 자살생각, 자살시도를 했던 경우 자살위기개입으로 현재의 자살생각이 가라앉고 지연되었다 하더라도, 근본적인 문제가 해결되지 않았다면 이후 스트레스 상황이 왔을 때 다른 대안보다 자살을 문제해결의 방법으로 선택할 확률이 상대적으로 높다. 따라서 자살의 위기관리에는 사후관리가 반드시 포함되어야 하며, 위기의 순간을 넘겼다고 해도 지속적인 관심을 가지고 보살펴야 할 필요성이 있기 때문에 자살위기에 처한 사람을 위한 지지시스템을 구축해 놓아야 한다.

자살행동은 한 사람의 노력으로 대처하기 힘든 경우가 많다. 자살위기관리를 위해서는 지지세력, 가용한 자원들, 접근 가능한 기관 등 사회적 지지망을 확보하는 것이 어떤 위기영역보다 중요하다. 가족, 친구, 학교 등 접근이 쉬운 지지 세력을 확인하고 확보해야 하며, 가용할 수 있는 자원들과 기관들의 정보를 제공해야 한다. 그 자원들은 자살위기에 처한 대상자가 즉각적이고 접근이 용이하게 도움을 요청할 수 있어야 한다.

- "원하신다면 상담사, 혹은 정신과 의사를 소개시켜 드릴 수 있어요."
 "현재 직장 구하는 것에 대해 생각하신다면, 구직을 할 수 있는 사이트 혹은 기관을 소개시켜 드릴 수 있을 것 같아요. 소개해 드릴까요?"
 "사회복지사의 도움을 받으신다면 도움이 되지 않을까 싶은데, △△기관 ○○부서에 사회복지사를 찾아 가셔서 정보를 얻으시면 어떨까요?"
 "지속적인 도움을 받으시려면 ○○ 씨 집에서 가까운 정신건강복지센터에서 도움을 받으실 수 있겠네요. 전화번호를 드릴게요. 제가 같이 동행해 드릴까요? 같이 가보시겠어요?"
- "오늘 힘드셨나요?" 힘든 이야기들을 해주셔서 감사합니다. 자살생각의 강도를 1과 10으로 가정한다면 처음 오셨을 때와 현재의 자살생각

강도는 어떠세요? 아까 이야기 나눈 것처럼 자살생각이 날 때 효과적이고 통제 가능한 방법들을 활용해 본 다음, 그래도 가라앉지 않으실 때는 제가 드린 전화번호로 연락하셔서 도움을 받으시면 됩니다. 어떠세요? 하실 수 있겠어요?"

3. 자살위기개입의 실제

1) 높은 자살위험수준

○○○ 씨는 35세의 직장 남성이다. 3년 가까이 사귄 여자 친구가 몇 달 전부터 태도가 변하기 시작했다. 연락도 잘 안 되고 만남의 횟수도 급격히 줄었다. 답답하고 화가 났지만 헤어지자고 할까봐 참는 수밖에 없었다. 친구에게 들은 이야기로는 최근 여자 친구가 같은 직장 상사와 극장에서 데이트하는 것을 봤다고 했다. 확인하려 했지만 카톡도 받지 않는다. 만나서 확인하고 싶어 회사 앞에서 기다리다가 둘의 만남을 보고 말았다. ○○○ 씨는 6살 때, 엄마가 집을 나가는 것을 본 기억 때문에 누군가가 자신을 떠나는 것이 매우 불안하고 힘들다. 고등학교 시절에도 여자 친구가 헤어지자고 일방적으로 말하고 떠난 이후 타이레놀 한 움큼을 먹은 적이 있다. 대학교 때는 새로 사귄 여자 친구가 유학을 가고 난 후 엄청난 충격으로 휴학을 하고 은둔 생활을 한 적도 있다. 그래도 자신을 잘 추슬러 졸업도 하고, 대기업에 취직을 하였으나 여전히 여자 친구를 사귀거나 누군가와 관계 맺는 것이 어려웠다. 자신의 주변 사람들이 떠날까 봐 전전긍긍 하는 자신이 싫었고, 그 사람에 집착하는 자신의 모습을 보는 것도 괴롭다. 어머니가 떠난 이후, 아버지는 암으로 돌아가셨고, 일가친척도 없다.

최근 예전의 그 아픔이 되살아났고, 우울해지면서 회사 업무를 하는 게 힘들어 졌다. 집중도 되지 않고, 번번이 지각을 하였으며 죽고 싶은 생각을 통제할 수가 없게 되었다. 여자친구와 1,000일 기념 여행을 가려고 알아봤던 제주도 펜션에서 술을 마시고 약을 먹고 죽을 계획을 세워 놓았다. 약은 병원에서 우울증약과 수면제, 처방받은 약들을 모아 두었고, 사직서와 유서도 써 놓았다. 너무도 자신이 무가치하게 느껴지고 누구에게도 사랑받지도, 사랑할 수도 없을 것 같다. 너무나 외롭고 힘들어 죽고 싶은 생각뿐이다.

4일 동안 무단결근을 해서 동료들이 연락을 해도 연락이 되지 않고, 카톡 확인도 하지 않아 자살위기개입 훈련을 받은 인사부 △△△과장이 개입하게 되었다. 주변 동료들의 면담을 통해 최근 업무 수행을 어려워했던 점, 회사 동료들과 관계를 멀리하고 극심하게 우울해 보인 점, 여자 친구와 헤어진 사실과 SNS상에 의미심장한 말들이 남겨져 있는 것을 확인하였다. △△△과장은 상황이 심각하다는 판단이 들어 자살위기개입팀을 구성한 후 ○○○ 씨의 집으로 찾아갔다.

※ SAFER-R MODEL 개입

• S: 안정화

안녕하세요? 저는 인사관리 자살위기개입팀 △△△과장입니다. 최근 ○○○ 씨가 무단결근을 하고 동료들과 연락이 닿지 않아 걱정이 되어서 찾아왔습니다. 혹시 저와 이야기 좀 나누어 볼 수 있으시겠어요? 전회사에서 나오긴 했지만 오늘 나누는 대화의 내용은 절대 다른 곳에서 이야기하지 않을 겁니다. 다만 자신과 타인을 해치는 것 혹은 법과 관련된 것은 비밀을 보장할 수 없습니다. 하지만 그것으로 인해 ○○○ 씨에게 회사 내에서 어떤 불이익도 발생하지 않을 것입니다. 오로지 ○○○ 씨를 돕고자 하는 것이니 절 믿어 주시면 좋겠습니다.

• A: 인정하기

최근에 힘든 일들이 있으셨던 것 같은데, 저에게 ○○○ 씨의 이야기를 들려주시면 ○○○ 씨를 이해하는데 도움이 될 것 같아요. 이야기해 주실 수 있겠어요?

(이야기) 그런 일들이 있으셨군요. 많이 어려우셨겠네요. 이야기를 들

다보니 ○○○ 씨가 최근 회사도 못나오고 지칠 만큼 어려우셨을 것 같아요. 그렇게 힘든 상태에서는 어떤 분은 자살생각을 하기도 합니다. 자살생각은 해보셨나요? (예) 얼마나 자주 하시나요? 자살생각이 들면 통제할 수 있나요? 한 번 자살생각이 나면 얼마나 오래 지속되나요?

혹시 자살계획은 세웠나요? (예) 언제, 어떤 방법으로 하려고 하였나요? 약을 모아놓았다고 하였는데, 그 약을 저에게 가져다주세요.

이전에 자살시도를 한 적이 있었나요? (예) 몇 번 정도 해보셨어요? 언제 자살시도를 하려고 하셨나요? 자살시도 후 어떤 생각이 드셨나요? 어떤 마음이 들었나요? 시도 후 어떤 행동을 하셨나요?

– 자살위기개입자 △△△과장은 질문들을 통해 ○○○ 씨를 높은 자살위험수준으로 평가하였다.

• F: 이해 촉진하기

많이 힘드셨네요. 그런 힘든 일들을 경험하고 나면 자살생각을 할 수도 있어요. 현재 이상하다고 느끼는 여러 가지 반응들은 그런 상황에서는 이상한 게 아닙니다. 누구에게도 말하지 못하고 얼마나 외롭고 힘드셨겠어요. 자살생각이 단지 ○○○ 씨가 나약하고 무능력해서가 아니라, ○○○ 씨와 같은 상황에 처하면 자살생각을 할 수도 있다는 것을 이해하면 좋겠어요. 힘들면 쉬었다 하셔도 됩니다.

전 ○○○ 씨의 이야기와 현재 마음을 더 구체적으로 듣고 싶네요. 안심하고 편안하게 천천히 이야기하세요. 괜찮습니다.

• E: 효과적인 대처 장려하기

제가 ○○○ 씨의 이야기를 들어보니 ~하고, ~해서 이렇게 힘들다는 것으로 들리네요. 맞나요? (예) 그래요. 지금은 좀 어떠세요?

많은 이야기를 해주셨는데, 현재 어떤 점이 ○○○ 씨를 가장 힘들게 하나요? (자살생각) 네. 지금 ○○○ 씨를 힘들게 하는 건 자살생각이 통제가 되지 않으신다는 거네요.

이전에 자살생각이 날 때는 어떻게 하셨나요? 현재 그 대처방법이 적용이 안 되신다는 거죠? 이전에 이러한 스트레스 상황일 때는 어떻게 대처하셨어요? 그게 효과적이었나요? 어떤 대처 방법이 가장 효과적이셨어요?

현재 ○○○ 씨가 가장 고통스러워하는 것은 지속적이고 통제가 힘든 자살생각이라고 하셨잖아요. 그리고 도움을 받고 싶으시기도 하신거구요. 그렇다면 저와 함께 해결해 볼 수 있지 않을까요? 제가 옆에서 도와드리겠습니다. 너무 힘들 땐, 평소에 하던 대처방법들이 생각나지 않을 수도 있고, 지금 생각하는 것이 해결방법이 아닌데도 그렇게 보일 수 있거든요. 지금은 힘들어서 죽는 방법 이외에 다른 방법이 생각나지 않을 수 있지만, 조금만 더 시간을 가지고 생각해 보면 다른 방법이 생각날 수도 있을 거예요.

• R: 의뢰

혹시 지금 ○○○ 씨를 가장 잘 이해해 주고 도움을 청할 사람이 주위에 있나요? 연락해 볼 수 있는 사람이 있어요? 도움을 청할 수 있으시겠어요? (아니오) 좋아요. 당장 도와줄 분이 안계시다면 오늘은 제가 곁에 있어도 될까요? 원하신다면 병원에 가서 안정을 취하시는 것도 좋은 방법일 수 있어요. 지금 ○○○ 씨의 상태가 통제가 안 되고 불안하시면 같이 병원에 가 드릴 수 있어요. 그렇게 하시는 게 현재 상태에서는 좋은 방법일 것 같아요.

그리고 회사에는 당분간 병가를 제출하시는 것도 방법이실 것 같네요. 제가 절차상 방법에 따라 도와드릴 수 있을 것 같아요. ○○○ 씨의 자살생각은 보고체계에서 최소한의 인원만 알게 될 겁니다. 걱정하지 마시구요.

• 어떠세요? 처음 제가 왔을 때 들었던 자살생각 강도와 현재 자살생

각 강도의 차이는 얼마나 되는 것 같으세요? (10에서 8정도) 그럼 제가 오늘은 같이 있어 드릴게요. 내일 회사에 병가를 내고, 해결한 후에 함께 병원에 가 보도록 하죠.

2) 중간 자살위험수준

○○○는 현재 고등학교 2학년 여학생이다. 1년 전, 언니가 교통사고로 사망하면서 매우 힘든 시간을 보내고 있다. 부모님이 걱정하실까봐 밝은 척, 아무 일도 없는 듯이 행동하지만 늘 가슴 한 구석에는 슬픔과 우울감이 가득 차고 언니가 보고 싶다. 고 3이 다가오면서 대학진학에 자신이 없고 불안하며, 짜증도 난다. 친구들과도 잦은 말다툼으로 인해서 친구들과 이야기하거나 만나는 것이 겁이 난다. 그래서 계속 인터넷 게임을 하게 된다. 잠시라도 괴로운 생각에서 벗어나게 해주는 것 같기 때문이다. 부모님이 걱정하실까봐 조심은 하는데, 마음처럼 쉽지가 않다. 최근 들어 자살을 하면 편안해 질까? 언니한테 갈까? 언젠간 자신이 충동적으로 자살을 하게 될 수도 있겠다 싶어 불안하다. 아파트 옥상 15층에서 뛰어내리려고 하지만, 겁도 난다. 부모님 걱정과 친구들이 얼마나 슬퍼할까 생각하면 차마 자살행동을 하는 것이 망설여진다. 밝고 명랑한 ○○○가 요즘에 멍 때리는 시간이 늘어나고 우울해 보이며, 별 일도 아닌데 화를 내고 짜증을 내기도 하며, 전에 하지 않던 게임에 집중하는 것을 보고 담임선생님, 친구들이 걱정하던 차에, 죽어버렸으면 좋겠다고 말하는 것을 듣고, 친구 △△가 무슨 걱정이 있는지 물어보지만 대답을 잘 하지 않았다. 친구 △△는 걱정이 되어서 학교 위클래스에 자살위기개입 훈련을 받은 상담사 선생님에게 도움을 청하였다.

※ SAFER-R MODEL 개입

• S: 안정화

밥은 먹었니? 나는 위클래스 상담선생님이야. 알지? 최근에 ○○○가 밥도 잘 안 먹고, 멍 때리고 친구들과 잘 어울리지 않는다고 친구들이랑 선생님이 걱정이 많으시더라. 오늘 선생님과 나누는 이야기는 절대 다른 곳에서 이야기하지 않을 거야. 다만 ○○○이 자신과 타인을 해치는 것 혹은 법과 관련된 것은 비밀을 보장해 줄 수 없어. 하지만 그것이 ○○○이의 이야기를 여기저기 한다는 것이 아니고 ○○○이를 돕고자 하는 것이니 선생님을 믿어줬으면 좋겠어. 어때, 말해줄 수 있겠니?

• A: 인정하기

우선 최근에 어떤 힘든 일들이 있었는지 나에게 이야기해 줄 수 있겠니? 얼마나 힘들면 죽고 싶다고까지 이야기했는지 너의 이야기를 직접 들을 수 있으면 좋겠다.

(이야기) 그런 일들이 있었구나. 많이 힘들었겠네. ○○○가 힘들어 하는 걸 보면 부모님이 슬퍼하실까봐 이야기도 못했구나. 혼자서 그 모든 슬픈 감정들을 추스르려니 얼마나 힘들었겠니? 아무도 ○○○의 맘을 이해해주지 않을 거라 생각했구나.

최근 ○○○가 죽어버렸으면 좋겠다고 했다던데, 혹시 자살생각을 하고 있니? (예) 얼마나 자주 하니? 자살생각이 통제가 되니? 한 번 자살생각이 들면 얼마나 오래 지속되니? 혹시 그렇다면 자살계획은 세워봤니? (예) 언제, 어떤 방법으로 하려고 했니? 옥상에서 떨어지려고 했다면, 거길 올라가 본 적은 있니? 이전에 자살시도를 한 적이 있었니? (아니오)

− 자살위기개입자 상담사 선생님은 질문들을 통해 자살위기에 처한 사람의 자살위험성을 중간 위험수준으로 평가하였다.

• F: 이해 촉진하기

그동안 혼자서 그 슬픔을 삭이느라 힘들었겠다. 그렇게 의지하고 좋아하는 언니가 갑자기 세상을 떠났으니 얼마나 황망하고 슬펐을 거야. 부모님 앞에서 맘 놓고 울지도 못했을 테고. 요즘 네가 이상하다고 느끼는 여러 가지 반응들 있잖아, 괜히 짜증나고, 갑자기 눈물이 나고, 외롭고, 화도 나고, 게임에 집착하는 것들 말이야. 그런 상황에서는 이상한

게 아니야. 그럴 수 있어. 네가 말한 것처럼 네가 미쳐가고 있는 것이 아니라 지금 네가 처한 상황에서 그런 생각, 행동들을 할 수 있어. 천천히 편하게 ○○○가 하고 싶은 이야기를 다 해봐. 선생님이 옆에 있어줄게.

• E: 효과적인 대처 장려하기

○○○의 이야기를 들어보니 갑작스럽게 언니가 떠나고 혼자 남겨진 것 같고, 언니가 그리워서 너무 슬프고 힘든 것 같아. 그러니? 지금은 좀 어때? 그런데 현재 ○○○는 어떤 게 제일 힘든 것 같아? (친구들과 자꾸 싸우게 되어서 혼자 남겨진 것 같은 느낌 때문에 자살생각이 자꾸 나는 것) 그렇구나, 스스로 이해가 가지 않을 정도로 화를 내기도 하고, 의도하지 않았던 말들을 해서 친구들과 사이가 자꾸 멀어져서 힘든 거구나. 친구들과 다시 예전처럼 재미있게 학교생활을 하고 싶은데. 그런데다가 자살생각이 자꾸 나니까 무섭기도 하고. 이만큼 ○○○이 힘든데, 가족이나 친구들이 이해해 주지 않는 것 같기도 하고.

이전에 스트레스 받을 때 ○○○는 어떻게 했어? 그게 효과적이었어? 어떤 대처 방법이 가장 효과적이었던 것 같아?

선생님하고 어떻게 하면 친구들과 ○○이의 맘을 잘 표현할 수 있을지 고민해 볼까? 너무 힘들 땐, 좋은 방법들이 생각나지 않을 수도 있고, 안 좋은 방법으로 해결하게 되기도 하니까.

만약 이후에 자살생각이 날 때 어떻게 할지 의논해 볼까? ○○○는 이전에 자살생각이 날 때 강아지와 산책하고 나면 자살생각이 조금 줄어든다고 했지? 또 엑소 노래를 들으면 좋아지는 것 같다고 했고. 우선 그 방법들과 다른 방법들을 모아 보자. 방법들은 선생님과 이야기하면서 더 만들어 나갈 수도 있을 거야.

• R: 의뢰

혹시 지금 ○○○를 가장 잘 이해해 주고 도움을 청할 사람이 주위에 누가 있어? 부모님, 그리고 또 누가 있을까? 당분간은 매일 선생님한테

와서 이야기 나누고, 만약 ○○○가 원한다면, 병원을 알려줄 수도 있어. 그리고 ○○○의 자살생각은 비밀로 할 수는 없다는 거 이야기했지? 선생님이 최소한의 사람, 즉 부모님, 담임선생님께는 이야기해야 해. 주변에 있는 사람들은 모두 ○○○를 도울 거야.

믿을만하다고 생각되는 친구에게는 ○○○의 지금 힘든 점, 도움 받고 싶은 것들을 이야기해 보는 것도 좋을 것 같은데. ○○○의 생각, 감정을 잘 전달할 수 있는 방법을 배우는 것도 방법일 것 같아.

- 오늘 선생님하고 이야기하고 나서 어때? 처음 왔을 때 들었던 자살생각 강도랑 현재 자살생각 강도의 차이는 얼마나 되는 것 같니? (9였는데, 3정도) 많이 떨어졌구나. 어떤 게 자살생각의 강도를 떨어뜨린 것 같니? ○○○의 이야기를 선생님이 많이 들어줘서 그런 것 같구나. 그래, 추후에도 ○○○를 이해해 줄 수 있는 친구들에게 솔직한 감정을 이야기하고 도움을 요청할 수 있겠지? 모두가 ○○○를 도울 거야. 오늘 선생님한테 많은 이야기해 줘서 고맙다. 자살생각이 날 때는 선생님과 이야기한 방법들을 적용해 보고 여전히 자살생각이 나면 연락목록에 있는 전화번호로 전화하고. 알았지?

3) 낮은 자살위험수준

○○○ 씨는 75세 남자 어르신이다. ○○○ 씨는 잠을 이루는 게 힘들고, 입맛도 없으며 무기력하다. 미래에 대한 대비가 충분치 않아 앞으로의 생활이 불안하며, 그나마 가지고 있던 목돈을 주식에 투자했다가 막대한 손해를 입었다. 앞으로 어떻게 살아야 할지 심지어 자살하는 사람들의 마음이 이해가 되기도 하고, 조용히 눈을 감고 아침에 눈을 뜨지 않았으면 하고 바라게 된다. 하지만 원망 없이 옆에서 위로하고 힘이 되어 주는 부인과 생활비를 돕겠다는 자식들이 고맙고 손자 손녀들은 살아가게 하는 이유이다. 부인은 이제 자식들 도움을 받아도 되지 않느냐고 하지만 그러고 싶지 않다. 삶이 허무하고 덧없이 느껴진다. 남동생은 고향으로 내려와서 살자고 하지만 그

것 또한 쉽지가 않다. 이웃들과 늘 함께 하며 봉사활동도 많이 다니곤 했는데, 새로운 곳에 가서 새로 적응하는 것도 두렵고 싫다. 지금은 누굴 만나는 것도 싫고 혼자 있는 시간이 늘어간다. 많이 피곤하고 소화도 되지 않아 부인과 함께 지역에 있는 병원에 건강검진을 받으러 갔으나 신체적으로는 이상이 없다는 결과를 받았다. 의사는 신체적 문제는 아닌 것 같고 심리적 문제인 것 같으니 정신과나 상담센터에 가보는 게 나을 것 같다고 한다.

늘 다니던 복지센터에 최근 거의 나가지 않고 있으며, 복지센터에서 하는 전화도 받지 않는다. 부인이 전화를 받으라고 해도 받지 않고 방에서 혼자 있는 시간이 늘어났다. 복지관의 자살위기개입 교육을 받은 사회복지사는 ○○○ 어르신의 부인 부탁으로 ○○○ 어르신을 만나게 되었다.

※ SAFER-R MODEL 개입

• S: 안정화

어르신, 안녕하세요? △△복지센터 자살위기개입자 □□□ 사회복지사입니다. 최근에 어르신 혼자 너무 오래 계시고, 외부활동도 하지 않으셔서 가족들이랑 복지관 어르신들이 걱정이 많으세요. 오늘 어르신과 나누는 이야기는 절대 다른 곳에서 이야기하지 않을 겁니다. 그렇지만, ○○○ 어르신이 자신과 타인을 해치는 것 혹은 법과 관련된 것은 비밀을 보장해 줄 수 없습니다. 하지만 이렇게 하는 것은 어르신을 돕기 위해서 하는 것입니다. 모두 ○○○ 어르신을 도와드리기 위한 거예요.

• A: 인정하기

우선 최근에 어떤 게 힘든지 어르신 이야기를 해주실 수 있을까요? (이야기) 그런 일들이 있으셨네요. 얼마나 힘드셨어요? ○○○ 어르신은 자식들이나 부인에게 부담을 주기 싫고 혼자서 짊어지고 싶으셨던 거네요. 무기력하고, 우울하니 누구와도 이야기하고 싶지도 않으셨고요. 그렇죠?

최근에 자살생각 하신 적 있으세요? (예) 얼마나 자주 하셨어요? (몇 번) 자살생각이 조절이 되나요? (예) 한 번 자살생각이 나면 얼마나 오래 지속되나요? (금방 하고 안함) 자살생각이 날 때 어떻게 하세요? (집사람, 자식, 가족 때문에 자살생각을 하면 안 된다 생각함)

자살계획은 세워 보셨어요? (아니오) 이전에 자살시도를 해보신 적은 있으세요? (아니오)

– 자살위기개입자 □□□ 사회복지사는 질문들을 통해 낮은 위험 수준으로 평가하였다.

• F: 이해 촉진하기

재산을 잃은 책임이나 자책감으로 많이 힘드신 것 같아요. 사랑하는 가족들에게 짐이 될까봐 불편하시구요. 요즘 ○○○ 어르신이 소화도 안 되고 무력감 때문에 병원에 가셨는데, 아무 이상이 없다고 하니 이상 하셨던 거죠? 어르신의 심적 고통이 신체적 반응으로 나타난 것 같네요. 너무 표현도 못하고 힘들어서 몸이 아프신 것 같아요. 사람들이 힘들면 그럴 수 있어요. 이상하다고 생각하실 수도 있지만 그럴 수도 있어요. 말도 못하시고, 표현도 안 되니 몸이 말한다고 생각하시면 될 것 같아요. 자, 그럼 ○○○ 어르신의 이야기를 조금 자세히 들어봤으면 좋겠어요. 편하 게 말씀해 주세요.

• E: 효과적인 대처 장려하기

어르신 이야기를 들어보니 참 답답하셨겠네요. 얼마나 혼자서 속을 끓이셨어요. 억울하기도 하시구요. 충분히 이해가 가요. 자식에게 부담 안주고 독립적으로 사시려고 그러셨을 텐데, 결국에는 마음대로 되지 않 아 화도 나셨을 것 같아요.

지금 ○○○ 어르신이 가장 힘든 게 어떤 거세요? (자살생각) 자살생 각이 나면 스스로 당황스럽기도 하고 괴로우신 거네요. 그래요. 그러실 수도 있어요. 별 어려움 없이 살다가 여러 가지 일이 생기면 자살생각이 날 수도 있으세요. 미쳐간다거나 이상해져서 그런 게 아니에요.

이전에는 스트레스 많이 받으실 때 어르신은 어떻게 해결하셨어요? 어떤 방법이 어르신에게 가장 효과적이었던 것 같으세요?

어르신 가끔 자살생각이 날 때 어떻게 견디셨어요? (부인, 자식들) 아까 말씀으로는 자식들한테 피해를 끼치지 않는 방법이 있다면 자살하고 싶다고 하셨는데, 자식들 걱정이 많이 되시나 봐요? 가족을 정말 많이 사랑하시는 것 같아요.

만약 이후에 자살생각이 날 때 어떻게 하시면 도움이 될 것 같으세요? 가장 먼저 가족사진 보시는 거, 또요? 음, 자식들에게 전화하는 거, 복지센터 나가시는 거요. 전에는 매일 다니셨잖아요. 봉사활동도 열심히 하셨고요. 친구들도 많으시고. 그래요, 힘들 때 아까 말씀하셨던 강아지와 산책하기, 부인과 이야기하기, 가족이나 친구들과 만나기를 해보시도록 하죠. 우선 지금 저와 이야기한 방법과 또 다른 방법들을 적어볼까요?

• R: 의뢰

혹시 지금 ○○○ 어르신을 가장 잘 이해해 주고 도움을 청할 사람이 주위에 누가 있나요? 가족, 친구 분들, 저도 포함하시는 거네요. 저와 같이 의논한 방법들을 써 보시고요, 원하신다면 상담센터에 계시는 상담사혹은 정신과 선생님을 소개시켜 드릴 수 있어요. 혼자 가시는 것이 어려우시면 제가 같이 갈 수도 있구요. 지금은 아니더라도 나중에 힘들어 지면 언제든 도와드리겠습니다. 주저하지 마시고 연락주세요.

• 자, 오늘 저와 이야기하시고 나서 어떠세요? 어르신 처음 오셨을 때 들었던 자살생각의 강도랑 현재 자살생각 강도의 차이는 얼마나 되나요? (8정도에서 2정도) 많이 감소되었네요. 어떤 것이 자살생각을 떨어뜨린 것 같으세요? (속 시원히 이야기한 것) 네, 다행이네요. 힘드셨을 텐데 오늘 이렇게 저한테 이야기해 주셔서 감사해요.

[별첨 1] Ⅰ. 자살관련 의뢰기관

1. 자살예방센터

기관명	전화
자살예방센터	1577－0199

2. 한국 생명의 전화

기관명	전화
한국 생명의 전화	1588－9191

3. 정신건강복지센터

기관명	전화
정신건강복지센터	1577－0199

4. 청소년상담복지센터

기관명	전화
청소년상담복지센터	1388

[별첨 2] Ⅱ. 자살위험성평가기록지

1. 신상정보				
위기대상자	이름:		나이:	성별:
	연락처	집		휴대 전화
	주소:			
	결혼 상태:			
	동거 가족:			
위기개입자	이름:		소속:	직위:
	연락처	기관		휴대 전화
	면담일:　　년　월　일			

2. 자살위험성평가	
자살생각	[ ] 문득 떠오른 자살생각 [ ] 일시적인 자살생각 [ ] 지속적인 자살생각 [ ] 강박적으로 반복되는 자살생각 [ ] 기타 면담내용기록:
자살계획	[ ] 자살계획이 막연하고 불분명함 [ ] 자살계획이 분명하게 수립 [ ] 자살관련 도구, 장소, 시간을 구체적으로 결정함 면담내용기록:
자살의도	[ ] 살고 싶은 마음이 더 큼 [ ] 죽을 것인지 살 것인지에 대해 양가적 [ ] 죽고 싶은 마음이 더 큼 면담내용기록:
보호요인	[ ] 가족 혹은 의지할 수 있는 친구 [ ] 독실한 신앙심 [ ] 이루고자 하는 삶의 목표 [ ] 가족에 대한 사랑 [ ] 안정된 경제적 여건 [ ] 사회적 지지체계 [ ] 안정된 직장, 학교 [ ] 책임감 [ ] 성격적 특성(낙관적, 긍정적 등) [ ] 기타 면담내용기록:
위험요인	[ ] 과거나 현재의 정신장애(우울증, 조울증, 불안장애 등) [ ] 과거 자살시도 경험 [ ] 가족이나 가까운 사람의 자살 [ ] 가족의 정신장애 [ ] 이별이나 사별 [ ] 대인관계에서의 갈등 [ ] 신체적 질병 [ ] 과도한 음주 [ ] 법적 문제 [ ] 업무상의 문제 [ ] 경제적 문제 [ ] 정서적 문제(죄책감, 불안감) [ ] 기타 면담내용기록:

3. 평가결과			
낮은 수준( )	중간 수준( )	높은 수준( )	매우 높은 수준( )

4. 자살위험성 평가수준에 따른 행동계획

고재홍, 윤경란 (2007). 청소년의 스트레스와 자살생각: 자아탄력성의 완충효과. 한국청소년연구, 18(1), 185 – 212.

곽영숙, 박광식 (1990). 국립서울정신병원형 알콜중독 선별검사(I). 임상연구논문집: 국립서울정신병원.

김경민, 한광수, 이정국, 이민규, 김유광, 김철규 (1991). 한국형 알콜중독 선별검사 제작을 위한 예비연구(III). 신경정신의학, 30(3), 569 – 581.

김은정, 권정혜 (1998). 우울증상과 대인관계 취약성: 사회성 및 자율성 성격유형을 중심으로. 한국 심리학회지: 임상, 17(1), 155 – 169.

김종혁 (2014). 초기성인의 충동성 및 습득된 자살실행력이 자살행동에 미치는 영향, 사회적지지의 조절된 매개모형을 중심으로. 용문상담심리대학원대학교 석사학위논문.

김형수 (2000). 노인자살의 이해와 일차적 예방. 한국인구학, 23(2), 167 – 187.

김형수 (2002). 한국 노인 자살생각과 관련요인 연구. 한국노년학, 22(1), 159 – 177.

김혜경 (2012). 대학생의 상담전문가에 대한 도움요청 연구: 도움요청태도가 도움요청의도에 미치는 영향. 청소년복지연구, 14(1), 93 – 111.

박광배, 신민섭 (1990). 고등학생의 대학입시목표와 자살생각. 한국심리학회지: 임상, 9(1), 20 – 32.

박은옥, 최수정 (2013). 한국 성인의 자살 생각률과 관련 요인. 정신간호학회, 22(2), 88 – 96.

박은옥 (2014). 한국 성인의 성별 자살생각 관련 요인 분석. 한국과학기술정보연구원: 농촌의학지역보건, 39(3), 161 – 175.

박혜옥, 육성필 (2013). 부부친밀감에 따른 배우자 사별노인의 사별스트레스가 우울 및 자살생각에 미치는 영향: 중재매개모형. 한국심리학회지: 상담 및 심리치료, 25(4), 933 – 951.

백경숙, 권용신 (2005). 노인이 지각한 스트레스, 대처방법과 심리적 복지감의 관계에 따른 스트레스 대처. 한국노인복지학회, 28(2), 379−402.

서종한, 이창환, 김경일, 김성혜 (2012), 한국 자살사망자 특징: 사례−대조 심리적 부검 연구. 한국심리학회지: 일반, 31(2), 323−344.

신민섭 (1992). 자살기제에 대한 실증적 연구: 자기도피 척도의 타당화. 연세대학교 박사학위논문.

신민섭, 박광배, 오경자 (1991). 우울증과 충동성이 청소년들의 자살 행위에 미치는 영향. 한국심리학회지: 임상, 10(1), 286−297.

신민섭, 박광배, 오경자, 김중술 (1990). 고등학생의 자살 성향에 관한 연구: 우울−절망−자살간의 구조적 분석. 한국심리학회지: 임상, 9(1), 1−19.

이소영 (2014). 성인의 성별에 따른 자살생각과 우울경험 관련요인. 한국보건간호학회지, 28(1), 71−86.

이정희, 심혜숙 (2007). 성인애착이 대인관계에 미치는 영향에 관한 공변량 구조 분석. 상담학연구, 8(3), 899−915.

이혜선, 육성필, 배진화, 안창일 (2008). 자살관련행동의 명명과 분류. 한국심리학회지: 일반, 27(1), 282−299.

조보행 (2013). 청소년자살의 위험요인이 자살생각에 미치는 영향, 매개효과와 조절효과분석. 청주대학교 박사학위논문.

최광현 (2006). 노인의 자살관념에 영향을 미치는 요인에 관한 연구. 숭실대학교 박사학위논문.

황영아 (2014). 노인자살에 대한 고찰. 한국성경적상담학회: 성경과 상담, 13(0), 130−156.

Akiskal, H. S., & Akiskal, K. (1994). Mental status examination: The art of the clinical interview. New York: Plenum.

Baumeister, R. F. (1990). Suicide as Escape from Self. Psychological Review, 97(1), 90−113.

Beautrais, A. L. (2005). National Strategies for the Reduction and Prevention of Suicide. The journal of crisis intervention and suicide prevention, 26, 1−3.

Beck, A. T., & Steer, R. A. (1993). Beck Scale for Suicide Ideation manual. San Antonio, TX: Psychological Corporation.

Beck, A. T., Brown, G., Berchick, R. J., Stewart, B. L., & Steer, R. A. (1990). Relationship between hopelessness and ultimate suicide: A replication with psychiatric outpatients. American Journal of Psychiatry, 147,

190 – 195.

Beck, A. T., Rush, A. J., Shaw, B. F., & Emery, G. (1979). Cognitive therapy of depression. New: Guilford. (원호택 등 공역, 《우울증의 인지치료》. 서울: 학지사, 1996).

Bender, T. W., Gordon, K. H., Bresin, K., & Joiner, T. E. (2007). Impulsivity and suicidality: A test of the mediating role of painful experiences. Unpublished manuscript.

Blau, G. M., & Gullotta, T. P. (1996). Adolescent dysfunctional behavior: Causes, interventions and prevention. London: Sage.

Brown, G. K., Beck. A. T., Steer, R. A., & Grisham, J. R. (2000). Risk factors for suicide in psychiatric outpatients: A 20 – year prospective study. Journal of Consulting and Clinical Psychology, 68, 371 – 377.

Chiles, J. A., & Strosahl, K. D. (2004). Clinical Manual for Assessment and Treatment of Suicidal Patients. Washington DC: American Psychiatric Publishing Inc.

Clark, D. A., Beck, A. T., & Alford, B. A. (1999). Scientific foundations of cognitive theory and therapy of depression. New York: Wiley.

Clarke, R. V., & Lester, D. (1991). Explaining choice of method for suicide. Boston: Paper presented at the annual meeting of the American Association of Suicidology.

Conwell, Y., Schneider, L. S., Reynolds, C. F., Lebowitz, B. D., & Friedhoff, A. J. (1994). Diagnosis and treatment of Depression in late life: Results of the NIH consensus Development Conference. US: American Psychiatric Association, 397 – 418.

Debski, J., Dubord Spadafore, C., Jacob, S., Poole, D. A., & Hixson, M. D.(2007). Suicide intervention: Training, roles, and knowledge of school psychologists. Psychology in the Schools, 44, 157 – 170.

De Leo, D., Burgis, S., Bertolote, J., Kerkhof, A. D. M., & Bille – Brahe, U. (2004). Definition of suicidal behavior. In De Leo, D., Bille – Brahe, U., Kerkhof, A. D. M., & Jobes A. Schmidtke(Eds.), Suicidal behavior: theories and research findings(pp. 17 – 39). Washington DC: Hogrefe & Huber.

DePaulo, B. M., Nadleer, A., & Fisher. (1983). New direction in helping:

Help—seking. Vol. 2, New York: Academic Press.

Dixson, S. L. (1979). Working with people in crisis. St. Louis, MO: Mosby.

Durkheim, E. (1951). Suicide: A Study in sociology. London: The Free press.

Farberow, N. L. (1980). The many faces of suicide: Indirect of self—destructive behavior. New York: McGraw Hill.

Farberow, N. L., Heilig, S. M., & Litman, R. (1970). Techniques in crisis invervention. Los Angeles: Suicide Prevention Center.

Folkman, S., & Lanzarus, R. S. (1988). Coping as a mediator of emotion. Journal of personality and Social Psychology, 54, 466—475.

Frierson, R. L. (1991). Suicide Attempts by the old and very old. Archives of Internal Medicine, 151.

Gilliland, B. E., & James, R. K.(1993). *Crisis intervention strategies*(2nd ed), Pacific Grove, CA; Brooks/Cole.

Gispert, M., Davis, M. S., Marsh, L., & Wheeler, K. (1987). Predictive Factors in Repeated Suicide Attempts by Adolescents. Hospital & community psychiatry: A journal of the American Psychiatric Association, 38(4), 390—393.

Goldston, D. B. (2004). Conceptual issues in understanding the relationship between suicidal behavior and substance use during adolescence. Drug and Alcohol Dependence, 76, S79—S91.

Gould, D., Udry, E., Tuffey, S., & Loehr, J. (1996). Burnout in competitive junior tennis players: I. A quantitative psychological assessment. The Sport Psychologist, 10, 322—340.

Griffin—Fennel. F., & Williams, M. (2006). Examining the complexities of suicidal behavior in the African American community. Journal of Black Psychology, 32, 303—319.

Hackney, H., & Cormier, S. (2009). The professional counselor: A process guide to helping(6th ed). Upper Saddle River: Pearson.

Hansell, N. (1976). The Person in distress. New York; Human Science Press.

Hatton, C. L., & Valente, S. M. (1984). Assessment of suicidal risk. In C. L. Hatton & S. M. Valente (Eds.), *Suicide: Assessment and intervention* (pp.61—82). Norwalk, CN: Appleton—Century—Crofts.

Henriksson, M. M., Aro, H. M., Kuoppasalmi, K. I., & Jouko, K. L. (1993).

Mental disorders and comorbidity in suicide. American Journal of Psychiatry, 1(50), 935.

Henriques, G., Wenzel, A., Brown, G. K., & Beck, A. T. (2005). Suicide attempters' reaction to survival as a risk factor for eventual suicide. *American Journal of Psychiatry,* 162, 2180−2182.

Hersen, M., & Turner, S. M. (1994). Mental status examination: Diagnostic intervention. New York: Plenum.

Hobbs, M. (1984). Crisis intervention in theory and practice: A selective review. British Journal of Medical Psychology, 57, 23−34.

Hoff, L. A. (1995). People in crisis: Understanding and helping(4th ed). Sanfrancisco: Jossey−Base.

Holden, R. R., Kerr, P. S., Mendonca. J. D., & Velamoor, V. R. (1998). Are some motives more linked to suicide proneness than others? Journal of Clinical Psychology, 54(5), 569−576.

James, R. K., & Gilliland B. E. (2001). Crisis intervention strategies. Belmont, CA, USA Cole: Thomson Learning Brooks.

Joiner, T. E. (2005). Why do people die by suicide. Cambridge Mass: Harvard University Press.

Joiner, T. E., Rudd, M. D., & Rajab, M. H. (1999). The Modified Scale for Suicidal Ideation; Factors of suicidality and their relationa to clinical and diagnostic variables. Journal of Abnormal Psychology, 106, 260−265.

Joiner, T. E., Van Orden, K. A., Witte, T. K., Selby, E. A., Ribeiro, J. D., Lewis, R., & Rudd, M. D. (2009). Main predictions of the interpersonal-psychological theory of suicidal behavior: Empirical tests in two samples of young adults. Journal of abnormal psychology, 118(3), 634−680.

Kaslow, N. J. (2004). Competencies in professional psychology. American Psychologist, 59, 774−781.

Kellam, S. G., Koretz, D., & Moscicki, E. K. (1999). Core Elements of Developmental Epidemiologically Based Prevention Research. American Journal of Community Psychology, 27(4), 463−482.

Kennedy, G. J., & Tanebaum, S. (2000). Psychotherapy wit older adults. American Journal of Psychotherapy, 54, 386−407.

Kenneth France (2007). Crisis Intervention: A Handbook of Immediate

Person−to−Person Help(5th Edition). USA: Charls C Thomas Publisher, Ltd, Springfield, Illinois.

Kevin, M. M., Maria, A. O., Gretchen, L. H., Steven, P. E., Shuhua, L., & John, J. M. (2000). Protective Factors Against Suicidal Acts in Major Depression: Reasons for Living. The American Journal of Psychiatry, 157(7), 1084−1088.

Kleespies, P. M. (1998). Emergencies in mental health practice: Evaluation and management. New York: Guilford.

Kleespies, P., Deleppo, J., Mori, D., & Niles, B. (1998). The Emergency Interview. In P. Kleespies(Ed.), Emergencies in mental health practice: Evaluation and management(pp. 41−72). New York: The Guilford Press.

Kleiman, E. M., Riskind, J. H., Schaefer, K. E., & Weingarden, H. (2012). The moderating role of social support on the relationship between inpulsivity and suicide risk. Crisis; The Journal of Crisis Intervention and Suicide Prevention, 33(5), 273−279.

Koopman, C., Classen, C., & Spiegel, D. (1996). Dissociative response in the immediate aftermath of the Oakland/Berkeley Firestorm. Journal of Traumatic Stress, 9, 521−540.

Kuo, W. H., Gallo, J. J., & Eaton, W. W. (2004). Hopelessness, depression, substance disorder, and suicidality: a 13−year community−based study. Soc Psychiatry Psychiatr Epidemiol, 39, 497−501.

Kwan, Y. H. (1994). A revisit of Elderly Suicide in Hong Kong. Journal of Population Association of Korea, 17(1).

Lanceley, F. J. (2003). *On−Scene Guide for crisis Negotiators, Second Edition*. CRC Press.

Lazarus, R. S., Goldberger, L., & Bresnitz, S. (1993). Why we should think of stress as a subset of emotion. Handbook of stress: Theoretical and clinical aspects(2nd ed.), 21−39.

Lester, B. Y. (2001). Learnings from Durkheim and beyond: the economy and suicide. Suicide and Life−Threatening Behavior, 31(1), 15−31.

Lewinsohn, P. M., Rohde, P., & Seeley, J. R. (1994). Psychosocial risk factors for future adolescent suicide attempt. Journal of Consulting and Clinical Psychology, 62(2), 297−305.

Linehan, M. M., Goodstein, J. L., Nielsen, S. L., & Chiles, J. A. (1983). Reasons for staying alive when you are thinking of killing yourself: The resons for living inventory. Journal of Counsulting and Clinical Psychology, 51(2), 276－286.

Linehan, M. M. (1997). Behavioral treatments of suicidal behaviors: Definitional obfuscation and treatment outcomes. In DM Stoff & JJ Mann (Eds.), Neurobiology of suicide: From the bench to the clinic (pp. 302－328). New York: Annals of the New York Academy of Sciences.

Mann, J. J., Waternaux, C., Haas, G. L., & Malone, K. M. (1999). Toward a clinical model of suicidal behavior in psychiatric patients. Am J Psychiatry, 156, 181－189.

Maris, R. M., Berman, A. L., & Silverman, H. M. (2000). Comprehensive handbook of suicidology. New York: Guilford Press.

Maris, R. W. (1992b). The relation of nonfatal suicide attempts to completed suicides. In R. W. Maris, A. L. Berman, J. T. Maltsberger, & R. I. Yufit (Eds.), *Assessment and prediction of suicide* (pp. 381－397). New York: Guilford Press.

Mark, W. (1997). Suicide and attempted suicide: understanding the cry for of pain. New York: Penguin books.

Marusic, A. (2004). Toward a new definition of suicidality? Are we prone to Fregoli's illusion, Crisis, 25(4), 145－146.

Marzuk, P. M., Leon, A. C., Tardiff, K., & Morgan, E. B. (1992). The effect of access to lethal method of injury on suicide rates. Archives of General Psychology, 49, 451－458.

Maslach, C., & Jackson, S. E.(1986). *Maslach Burnout Inventory manual*(2nd ed.). Palo Alto, CA: Consulting Psychologists Press.

Mayo, D. J., Maris, R. W., Berman, A. L., Maltsberger, J. T., & Yufit, R. I. (1992). What is being predicted?: Definitions of "suicide". Assessment and prediction of suicide, 88－101.

Mccall, P. L. (1991). Adolescent and Elderly White Male Suicide Trends. Journal of Gerontology, 46.

McIntosh, J. L. (1992). Epidemiology of Suicide in the Elderly. Suicide and Life Threatening Behavior, 22(2), Spring.

Meichenbaum, D., Fitzpatrick, D., Goldberger, L., & Breznitz, S. (1993). A constructivist narrative perspective on stress and coping: Stress inoculation applications. Handbook of stress: Theoretical and clinical aspects, 706−723.

Mitchell, J. T. (1991). Law enforcement applications of critical incident stress teams. Washington DC: United States Government Printing Office.

Murphy, G. (1999). Family history of Suicide among suicidal attempter. The Journal of Nervous and Mental Disease, 170, 86−90.

Musil, C. M., Haug, M. R., & Warner, C. D. (1998). Stress, health, and depressive symptoms in older adults at three time points over 18 months. Issues in Mental Health Nursing, 19, 207−224.

National Office for Suicide Prevention. (2005). Reach out: National strategy for action on suicide prevention 2005

Nowers, G. D. (1997). Suicide by jumping. Acta Psychiatrica Scandinavica, 96, 1−6.

O'Carroll, P. W., Berman, A. L., Maris, R. W., Moscicki, E. K., Tanney, B. L., & Silvernan, M. M. (1996). Beyond the Tower of Babel: A Nomenclature for Suicidology. Suicide and Life−Threatening Behavior, 26(3), 237−252.

Richard, K. J., & Burl, E. G. (2008). Crisis Intervention Strategies(5th Edition). Canada: Nelson Education.

Rick, A. M. (2001). Assessment for crisis intervention; A triage assessment model. Australia: Brooks/Cole Thomson Learning.

Rifai, A. H., George, C. J., Stack, J. A., Mann, J. J., & Reynolds, C. F. (1994). Hopelessness in suicide attempters after acute treatment major depression in late life. Am. J. Psychiatry, 151(11), 1687−1690.

Rohrbeck, C. A., Azar, S. T., & Wagner, P. E. (1991). Child Self−Control Rating Scale: Validation of a Child Self Report Measure. Journal of Clinical Child Psychology, 20(2), 179−183.

Rorhbeck, C. A., Azar, S. T., & Wagner, P. E. (1991). Child Self−Control Rating Scale: Validation of a Child Self−Report Measure. Journal of Clinical Child Psychology, 20(2), 179−183.

Rothes, I. A., Henriques, M. R., Leal, J. B., & Lemos, M. S. (2014). Facing a patient who seeks help after a suicide attempt: The difficulties of health professionals. Crisis, 35, 110−122.

Schmitz, W. M., Jr., Allen, M. H., Feldman, B. N., Gutin, N. J., Jahn, D. R., Kleespies, P. M., & Simpson, S. (2012). Preventing suicide through improved training in suicide risk assessment and care: An American Association of Suicidology Task Force report addressing serious gaps in U.S. mental health training. *Suicide and Life−Threatening Behavior*, 42, 292−304.

Scheerder, G., Reynders, A., Andriessen, K., & Van Audenhove, C. (2010). Suicide intervention skills and related factors in community and health professionals. *Suicide and Life−Threatening Behavior*, 40, 115−124.

Shneidman, E. S. (1985). Definition of suicide. New York: Wiley.

Shneidman, E. S., Farberow, N. L., & Litman, R. E. (1976). The Psychology of suicide. New York: Aronson.

Silverman, E., Range, L., & Overholser, J. (1995). Bereavement from suicide as compared to other forms of bereavement. Omega: Journal of Death and Dying, 20, 41−51.

Silverman, M. M., Berman, A. L., Sandal, N. D., O'Carroll, P. W., & Joiner, T. E. (2007). Rebuilding the Tower of Babel: A Revised Nomenclature for the Study of Suicide and Suicide behaviors. Part I. Background, Rationale, and Methodology. Suicide and Life−Threatening Behavior, 37(3), 248−263.

Steinhausen, H. C., and Metzke, C. W. (2004). The Impact of Suicidal Ideation in Preadolescence, Adolescence, and Young Adulthood on Psychosocial Functioning and Psychopathology in Young Adulthood. Acta Psychiatr Scand, 110(6), 438−445.

Suominen, K., Isometsa, E., Haukka, J., Lonnqvist, J. (2004). Substance use and male gender as risk factors for deaths and suicide A 5 year follow−up study after deliberate self−harm. Social Psychiatric Epidemiology, 39, 720−724.

Witt, T. K., Merrill, K. A., & Sterllrecht, N. E. (2008). "Impulsive" youth suicide attemprers are not necessarily all that impulsive. Journal of affective disorders, 107(1), 107−116.

Yassen, J., & Harvey, M. (1998). Emergencies in mental health practice: Crisis assessment and interventions with victims of violence. New York: Guilford.

보건복지부 http://www.mohw.go.kr
서울시 자살예방센터 http://www.suicide.or.kr
통계청 http://kostat.go.kr
중앙심리부검센터 http://www.psyauto.or.kr

색 인

부록

관련 기관 안내

일반 정신 건강 관련 기관

기관명	연락처
〈정부 및 공공기관 및 유관기관〉	
보건복지부	129 (공휴일, 야간: 044 - 202 - 2118)
국립정신건강센터	02 - 2204 - 0114
중앙정신건강복지사업지원단	02 - 747 - 3070
질병관리본부	043 - 719 - 7065
국방헬프콜	1303
중앙장애인권익옹호기관	02 - 6951 - 1790
〈경찰 트라우마센터〉	
서울 보라매병원	02 - 870 - 2114
대전 유성선병원	1588 - 7011
부산 온종합병원	051 - 607 - 0114
광주 조선대학교병원	062 - 220 - 3398
〈광역정신건강복지센터〉	
서울시정신건강복지센터	02 - 3444 - 9934
경기도정신건강복지센터	031 - 212 - 0435~6
인천광역정신건강복지센터	032 - 468 - 9911
충청북도광역정신건강복지센터	043 - 217 - 0597
충청남도광역정신건강복지센터	041 - 633 - 9183
대전광역정신건강복지센터	042 - 486 - 0005
경상남도정신건강복지센터	055 - 239 - 1400
경상북도정신건강복지센터	054 - 748 - 6400
대구광역정신건강복지센터	053 - 256 - 0199
전라북도광역정신건강복지센터	063 - 251 - 0650
전라남도광역정신건강복지센터	061 - 350 - 1700

기관명	연락처
광주광역정신건강복지센터	062 - 600 - 1930
강원도광역정신건강복지센터	033 - 251 - 1970
울산광역정신건강복지센터	052 - 716 - 7199
부산광역정신건강복지센터	051 - 242 - 2575
제주특별자치도광역정신건강복지센터	064 - 717 - 3000
〈지역별 정신건강복지센터〉 − 서울	
강남구정신건강복지센터	02 - 2226 - 0344
강동구정신건강복지센터	02 - 471 - 3223
강북구정신건강복지센터	02 - 985 - 0222
강서구정신건강복지센터	02 - 2600 - 5926
관악구정신건강복지센터	02 - 879 - 4911
광진구정신건강복지센터	02 - 450 - 1895
구로정신건강복지센터	02 - 860 - 2618
금천구정신건강복지센터	02 - 3281 - 9314
노원구정신건강복지센터	02 - 950 - 4591
도봉구정신건강복지센터	02 - 900 - 5783
동대문구정신건강복지센터	02 - 963 - 1621
동작구정신건강복지센터	02 - 588 - 1455
마포구정신건강복지센터	02 - 3272 - 4937
서대문구정신건강복지센터	02 - 337 - 2165
서초구정신건강복지센터	02 - 2155 - 8215
성동구정신건강복지센터	02 - 2298 - 1080
성북구정신건강복지센터	02 - 2241 - 6304
송파정신건강복지센터	02 - 421 - 5871
양천구정신건강복지센터	02 - 2061 - 8881
영등포구정신건강복지센터	02 - 2670 - 4753
용산구정신건강복지센터	02 - 2199 - 8370
은평구정신건강복지센터	02 - 353 - 2801
종로구정신건강복지센터	02 - 745 - 0199
중구정신건강복지센터(서울)	02 - 2236 - 6606

기관명	연락처
중랑구정신건강복지센터	02-3422-5921~3
- 경기도	
가평군정신건강복지센터	031-581-8881
고양시아동청소년정신건강증진센터	031-908-3567
고양시정신건강증진센터	031-968-2333
과천시정신건강증진센터	02-504-4440
광명시정신건강복지센터	02-897-7786
광주시정신건강복지센터 (경기)	031-762-8728
구리시정신건강복지센터	031-550-8614
군포시정신건강증진센터	031-461-1771
김포시정신건강복지센터	031-998-2005
남양주시정신건강복지센터	031-592-5891
동두천시정신건강복지센터	031-863-3632
부천시정신건강복지센터	032-654-4024~7
성남시소아청소년정신건강복지센터	031-751-2445
성남시정신건강복지센터	031-754-3220
수원시노인정신건강센터	031-273-7511
수원시아동청소년정신건강센터	031-242-5737
수원시정신건강복지센터	031-247-0888
수원시행복정신건강복지센터	031-253-5737
시흥시정신건강복지센터	031-316-6661
안산시정신건강복지센터	031-411-7573
안성시정신건강복지센터	031-378-5361~9
안양시정신건강복지센터	031-469-2989
양주시정신건강복지센터	031-840-7320
양평군정신건강복지센터	031-770-3526
여주시정신건강복지센터	031-886-3435
연천군정신건강증진센터	031-832-8106
오산시정신건강증진센터	031-374-8680
용인시정신건강증진센터	031-286-0949
의왕시정신보건센터	031-458-0682
의정부시정신건강복지센터	031-828-4547

기관명	연락처
이천시정신건강복지센터	031-637-2330
파주시정신건강증진센터	031-942-2117
평택시정신건강증진센터	031-658-9818
포천시 정신건강복지센터	031-532-1655
하남시정신건강복지센터	031-793-6552
화성시정신건강복지센터	031-369-2892
- 인천	
강화군정신건강복지센터	032-932-4093
계양구정신건강복지센터	032-547-7087
부평구정신건강증진센터	032-330-5602
연수구정신건강복지센터	032-749-8171~7
인천남구정신건강복지센터	032-421-4045~6
인천남동구정신건강복지센터	032-465-6412
인천동구정신건강복지센터	032-765-3690~1
인천서구정신건강증진센터	032-560-5006, 5039
인천중구정신건강증진센터	032-760-6090
- 충남	
계룡시정신건강복지센터	042-840-3584/ 3570
공주시정신건강복지센터	041-852-1094
금산군정신건강복지센터	041-751-4721
논산시정신건강복지센터	041-746-8073/ 4076
당진시정신건강복지센터	041-352-4071
보령시보건소정신건강복지센터	042-930-4184
부여군보건소정신건강복지센터	041-830-2502
서산시정신건강복지센터	041-661-6592
서천군정신건강복지센터	041-950-6733
아산시정신건강복지센터	041-537-4353
예산군정신건강복지센터	041-339-8029
천안시정신건강복지센터 (동남구)	041-521-2664
천안시정신건강복지센터 (서북구)	041-571-0199

기관명	연락처
청양군보건의료원 정신건강복지센터	041－940－4546
태안군보건의료원 정신건강복지센터	041－671－5398
홍성군정신건강복지센터	041－630－9076 / 보건소－9057
－ 충북	
괴산군정신건강증진센터	043－832－0330
단양군정신건강복지센터	043－420－3245
보은군정신건강복지센터	043－544－6991
영동군정신건강복지센터	043－740－5613/ 5624
옥천군정신건강복지센터	043－730－2195
음성군정신건강증진센터	043－872－1883~4, 043－878－1882
제천시정신건강복지센터	043－646－3074~5
증평군정신건강증진센터	043－835－4277
진천군정신건강증진센터	043－536－8387
청주시상당정신건강복지센터	043－201－3122~9
청주시서원정신건강복지센터	043－291－0199
청주시흥덕정신건강복지센터	043－234－8686
청주시청원정신건강복지센터	043－215－6868
충주시정신건강복지센터	043－855－4006
－ 세종	
세종시정신건강복지센터	044－861－8521
－ 대전	
대덕구정신건강복지센터	042－931－1671
동구정신건강복지센터(대전)	042－673－4619
서구정신건강증진센터(대전)	042－488－9748
유성구정신건강증진센터	042－825－3527
중구정신건강증진센터(대전)	042－257－9930
－ 경남	
거제시보건소 정신건강복지센터	055－639－6119
거창군정신건강증진센터	055－940－8344/ 8384

기관명	연락처
고성군보건소정신건강복지센터	055－670－4057~8
김해시정신건강복지센터	070－4632－2900
남해군보건소 정신건강복지센터	055－860－8701
밀양시정신건강복지센터	055－359－7081
사천시보건소 정신건강복지센터	055－831－2795/ 3575
산청군정신건강복지센터	055－970－7553
양산시정신건강복지센터	055－367－2255
의령군보건소/의령군정신건강증진센터	055－570－4093/ 4023
진주시보건소정신건강증진센터	055－749－4575/ 5774
창녕군정신건강복지센터	055－530－6225
창원시 마산정신건강복지센터	055－225－6031
창원시 진해정신건강복지센터	055－225－6691
창원시 창원정신건강복지센터	055－287－1223
통영시정신건강복지센터	055－650－6122/ 6153
하동군정신건강복지센터	055－880－6670
함안군보건소 정신건강복지센터	055－580－3201/ 3131
함양군보건소 정신건강복지센터	055－960－5358/ 4685
합천군 보건소 정신건강복지센터	055－930－4835/ 3720
－ 경북	
경산시정신건강복지센터	053－816－7190
경주시정신건강복지센터	054－777－1577
구미시정신건강복지센터	054－480－4047
김천시정신건강복지센터	054－433－4005
문경시정신건강증진센터	054－554－0802
봉화군정신건강복지센터	054－679－1126
상주시정신건강복지센터	054－536－0668
성주군정신건강복지센터	054－930－8112

기관명	연락처
안동시정신건강복지센터	054－842－9933
영덕군정신건강복지센터	054－730－7161~4
영주시 정신건강복지센터	054－639－5978
영천시정신건강증진센터	054－331－6770
칠곡군정신건강복지센터	054－973－2024
포항시남구정신건강복지센터	054－270－4073/ 4091
포항시북구정신건강증진센터	054－270－4193~8
－ 대구	
남구정신건강증진센터(대구)	053－628－5863
달서구정신건강복지센터	053－637－7851
달성군정신건강증진센터	053－643－0199
동구정신건강복지센터(대구)	053－983－8340,2
북구정신건강복지센터(대구)	053－353－3631
서구정신건강증진센터(대구)	053－564－2595
수성구정신건강증진센터	053－756－5860
중구정신건강복지센터(대구)	053－256－2900
－ 전남	
강진군정신건강복지센터	061－430－3542/ 3560
고흥군정신건강복지센터	061－830－6636/ 6673
광양시정신건강증진센터	061－797－3778
곡성군정신건강복지센터	061－363－9917
구례군정신건강복지센터	061－780－2023/ 2047
나주시정신건강증진센터	061－333－6200
담양군보건소/담양군정신 건강복지센터	061－380－3995
목포시정신건강복지센터	061－276－0199
무안정신건강복지센터	061－450－5032
보성군정신건강증진센터	061－853－5500
순천시정신건강복지센터	061－749－6884/ 6928
여수시정신건강복지센터	061－659－4255/ 4289

기관명	연락처
영광군 정신건강복지센터	061－350－5666, 061－353－9401
완도군정신건강증진센터	061－550－6742/ 6745
장성군정신건강증진센터	061－390－8373/ 395－0199
장흥군정신건강복지센터	061－860－0549/ 0541
진도군정신건강복지센터	061－540－6058
함평군정신건강복지센터	061－320－2428/ 2512
해남군정신건강복지센터	061－531－3763/ 3767
화순군정신건강복지센터	061－379－5305
－ 전북	
고창군 정신건강증진센터	063－563－8738
군산시정신건강증진센터	063－445－9191
김제시정신건강복지센터	063－542－1350
남원시정신건강복지센터	063－635－4122
부안군정신건강증진센터	063－581－5831
완주군정신건강복지센터	063－262－3066
익산시정신건강증진센터	063－841－4235
전주시정신건강증진센터	063－273－6995~6
정읍시정신건강증진센터	063－535－2101
진안군 정신건강증진센터	063－432－8529
무주군정신건강복지센터	063－320－8232
－ 광주	
광산구정신건강증진센터	062－941－8567
광주남구정신건강증진센터	062－676－8236
광주동구정신건강증진센터	062－233－0468
광주북구정신건강증진센터 (본소)	062－267－5510
광주북구정신건강복지센터 (분소)	062－267－4800
광주서구정신건강증진센터	062－350－4195

기관명	연락처
− 강원도	
강릉시정신건강복지센터	033 − 651 − 9668
고성군정신건강복지센터 (강원)	033 − 682 − 4020
동해시정신건강복지센터	033 − 533 − 0197
삼척시정신건강복지센터	033 − 574 − 0190
속초시정신건강복지센터	033 − 633 − 4088
양구군정신건강복지센터	033 − 480 − 2789
양양군정신건강증진센터	033 − 673 − 0197, 0199
영월군정신건강복지센터	033 − 374 − 0199
원주시정신건강복지센터	033 − 746 − 0198
인제군보건소 정신건강복지센터	033 − 460 − 2245, 033 − 461 − 7427
정선군보건소 정신건강복지센터	033 − 560 − 2896
철원군보건소 철원군정신건강증진센터	033 − 450 − 5104
춘천시정신건강복지센터	033 − 241 − 4256
태백시정신건강복지센터	033 − 554 − 1278
평창군보건의료원 정신건강복지센터	033 − 330 − 4872
홍천군정신건강증진센터	033 − 430 − 4035
화천군보건소 정신건강복지센터	033 − 441 − 4000
횡성군정신건강증진센터	033 − 345 − 9901
− 울산	
울산울주군정신건강복지센터	052 − 262 − 1148
울산남구정신건강복지센터	052 − 227 − 1116
울산동구정신건강복지센터	052 − 233 − 1040
울산북구정신건강복지센터	052 − 288 − 0043
울산중구정신건강증진센터	052 − 292 − 2900
− 부산	
강서구정신건강증진센터 (부산)	051 − 970 − 3417
금정구정신건강증진센터	051 − 518 − 8700

기관명	연락처
기장군정신건강증진센터	051 − 727 − 5386
남구정신건강증진센터(부산)	051 − 626 − 4660,1
동구정신건강복지센터(부산)	051 − 911 − 4600
동래구정신건강복지센터	051 − 507 − 7306~7
북구정신건강복지센터(부산)	051 − 334 − 3200
사상구정신건강증진센터	051 − 314 − 4101
사하구정신건강복지센터	051 − 265 − 0512
서구정신건강증진센터(부산)	051 − 256 − 1983
수영구정신건강증진센터	051 − 714 − 5681
연제구정신건강복지센터	051 − 861 − 1914
영도구정신건강복지센터	051 − 404 − 3379
중구정신건강복지센터(부산)	051 − 257 − 7057
진구정신건강증진센터	051 − 638 − 2662
해운대구정신건강복지센터	051 − 741 − 3567
− 제주	
서귀포시정신건강복지센터	064 − 760 − 6553
제주시정신건강증진센터	064 − 728 − 4075
〈지방 보건소〉	
− 전남	
신안군 보건소	061 − 240 − 8095
영암군 보건소	061 − 470 − 6539
− 전북	
순창군보건의료원	063 − 650 − 5247
임실군보건의료원	063 − 640 − 3144
장수군보건의료원	063 − 350 − 3162
− 경북	
고령군보건소	054 − 954 − 1300
청도군 보건소	054 − 370 − 6296
군위군 보건소	054 − 383 − 4000
예천군 보건소	054 − 650 − 8033
영양군 보건소	054 − 680 − 5132
울릉군보건의료원	054 − 790 − 6871
의성군 보건소	054 − 830 − 6684
청송군 보건의료원	054 − 870 − 7200

자살 관련 기관

기관명	연락처
한국자살예방협회	02-413-0892-3
한마음한몸자살예방센터	02-318-3079
사랑의전화상담센터	02-3272-4242
불교상담개발원(자비의전화)	02-737-7378
(사)생명존중교육협의회	02-904-6647
기독교자살예방센터	070-8749-2114
중앙자살예방센터	02-2203-0053
〈생명의 전화〉	
한국생명의전화	02-763-9195
서서울생명의전화	02-2649-9233
수원생명의전화	031-237-3120
안양생명의전화	031-383-9114
고양생명의전화	031-901-1391
부천생명의전화	032-325-2322
충주생명의전화	043-842-9191
광주생명의전화	062-232-9192
전주생명의전화	063-286-9192
대구생명의전화	053-475-9193
포항생명의전화	054-252-9177
울산생명의전화	052-265-5570
부산생명의전화	051-807-9195
제주생명의전화	064-744-9190
〈광역자살예방센터〉	
서울시자살예방센터	02-3458-1000
경기도자살예방센터	031-212-0437
인천광역시자살예방센터	032-468-9911
대구광역자살예방센터	053-256-0199
광주광역자살예방센터	062-600-1930
강원도자살예방센터	033-251-1970
부산광역자살예방센터	051-242-2575
〈지역자살예방센터〉	
－ 서울	
성동구자살예방센터	02-2298-7119

기관명	연락처
성북구자살예방센터	02-916-9118
－ 경기	
가평군자살예방센터	031-581-8872
광명시자살예방센터	02-2618-8255
성남시정신건강증진센터 부설 성남	031-754-3220
수원시자살예방센터	031-247-3279
시흥시자살예방센터	031-316-6664
안산시자살예방센터	031-418-0123
여주시자살예방센터	031-886-3435
양평군자살예방센터부설양평군자	031-770-3532, 26
용인시자살예방센터	070-4457-9373
이천시자살예방센터	031-637-2330
의정부시정신건강복지센터 부설	031-828-4547
화성시자살예방센터	031-369-2892
－ 인천	
인천남구자살예방센터	032-421-4047
－ 충남	
천안시자살예방센터	041-571-0199
－ 전북	
남원시자살예방센터	063-635-4122
－ 강원	
강릉시정신건강복지센터부설 강릉	033-651-9668
원주시정신건강복지센터부설 원주	033-746-0198
홍천군정신건강복지센터부설 홍천	033-435-7482
－ 울산	
울산남구자살예방센터	052-227-1116
울산동구자살예방센터	052-233-1040
울산북구자살예방센터	052-288-0043
울산중구자살예방센터	052-292-2900

여성 관련 기관

기관명	연락처
〈여성 긴급전화 1366〉	
중앙센터	1366
서울	02 - 1366
경기	031 - 1366
경기북부	031 - 1366
인천	032 - 1366
충북	043 - 1366
충남	041 - 1366
대전	042 - 1366
전북	063 - 1366
전남	061 - 1366
광주	062 - 1366
경북	054 - 1366
경남	055 - 1366
대구	053 - 1366
강원	033 - 1366
울산	052 - 1366
부산	051 - 1366
제주	064 - 1366
〈여성 관련 전문 기관〉	
(사)한국여성상담센터	02 - 953 - 1704
(사)한국여성장애인연합	02 - 3675 - 9935, 02 - 766 - 9935
〈한국 여성의 전화〉	
서울강서양천여성의전화	02 - 2605 - 8466
김포여성의전화	가정폭력상담: 031 - 986 - 0136
광명여성의전화	가정폭력상담: 02 - 2060 - 2545 이메일상담: kmwhl@hanmail.net
성남여성의전화	가정폭력상담: 031 - 751 - 6677 성폭력상담: 031 - 751 - 1120 이메일상담: snwhl@naver.com
수원여성의전화	가정폭력상담: 031 - 232 - 6888

기관명	연락처
	성폭력상담: 031 - 224 - 6888 성매매상담: 031 - 222 - 0122 청소년열린터: 031 - 253 - 8298
시흥여성의전화	여성폭력상담: 031 - 496 - 9393 가정폭력상담: 031 - 496 - 9494 이메일상담: shwhl@jinbo.ne
안양여성의전화	가정폭력상담: 031 - 468 - 1366 성폭력상담: 031 - 466 - 1366
부천여성의전화	상담: 032 - 328 - 9711
강릉여성의전화	상담: 033 - 643 - 1982, 033 - 643 - 1985 이메일상담: gw1985@hanmail.net
군산여성의전화	상담: 063 - 445 - 2285
익산여성의전화	상담: 063 - 858 - 9191 이메일상담: iswhl@hanmail.net
전주여성의전화	상담: 063 - 283 - 9855, 063 - 282 - 1366
영광여성의전화	상담: 061 - 352 - 1321
청주여성의전화	여성폭력상담: 043 - 252 - 0966, 043 - 252 - 0968
천안여성의전화	여성폭력상담: 041 - 561 - 0303
창원여성의전화	여성폭력상담: 055 - 267 - 1366, 055 - 283 - 8322
진해여성의전화	상담: 055 - 546 - 8322, 055 - 546 - 0036 참살이: 055 - 546 - 1409 이메일상담: jhwhl01@hanmail.net
광주여성의전화	일반상담: 062 - 363 - 0442~3 가정폭력상담: 062 - 363 - 0485 성폭력상담: 062 - 363 - 0487 성매매상담: 062 - 384 - 8297
대구여성의전화	가정폭력상담: 053 - 471 - 6482 성폭력상담: 053 - 471 - 6483 이메일상담: esco10@hananet.net
울산여성의전화	여성주의상담: 052 - 244 - 1555

기관명	연락처
부산여성의전화	가정폭력상담: 051-817-6464 성폭력상담: 051-817-6474
〈한국여성민우회〉	
한국여성민우회	02-737-5763
한국여성민우회 (성폭력 상담)	02-335-1858
한국여성민우회 (여성연예인인권 지원)	02-736-1366
서울남서여성민 우회	02-2643-1253
서울동북여성민 우회	02-3492-7141
고양파주여성민 우회	031-907-1003
군포여성민우회	031-396-0201
인천여성민우회	032-525-2219
광주여성민우회	062-529-0383
진주여성민우회	055-743-0410
원주여성민우회	033-732-4116
춘천여성민우회	033-255-5557

아동 관련 기관

기관명	연락처
중앙아동보호전문기관	02 – 558 – 1391
〈지역아동센터〉	
한국지역아동센터연합회	1544 – 4196
지역아동센터중앙지원단	02 – 365 – 1264, 02 – 581 – 1264
서울지원단	02 – 2632 – 3125
인천지원단	032 – 425 – 7327 – 8
경기북부지원단	031 – 595 – 7859/7869
경기남부지원단	031 – 236 – 2729
충북지원단	043 – 287 – 9095
충남지원단	041 – 557 – 2729
대전지원단	042 – 226 – 2729
강원지원단	033 – 255 – 1008,9
전북지원단	063 – 274 – 5479
전남지원단	061 – 272 – 7951~2
광주지원단	062 – 522 – 9976, 062 – 521 – 9975
경북지원단	054 – 463 – 7275~6
울산지원단	052 – 221 – 2729
경남지원단	055 – 252 – 1379
대구지원단	053 – 476 – 1613
부산지원단	051 – 440 – 3020~1
제주지원단	064 – 756 – 5579
〈아동보호전문기관〉 – 서울	
중앙아동보호전문기관	02 – 558 – 1391
노원구아동보호전문기관	02 – 974 – 1391
서울동남권아동보호전문기관	02 – 474 – 1391
서울특별시아동보호전문기관	02 – 2040 – 4242
서울특별시동부아동보호전문기관	02 – 2247 – 1391
서울강서아동보호전문기관	02 – 3665 – 5183~5
서울은평아동보호전문기관	02 – 3157 – 1391
서울영등포아동보호전문기관	02 – 842 – 0094

기관명	연락처
서울성북아동보호전문기관	02 – 923 – 5440
서울마포아동보호전문기관	02 – 422 – 1391
– 경기	
수원아동보호전문기관	031 – 8009 – 0080
경기평택아동보호전문기관	031 – 652 – 1391
경기시흥아동보호전문기관	031 – 316 – 1391
경기용인아동보호전문기관	031 – 275 – 6177
안산시아동보호전문기관	031 – 402 – 0442
경기도아동보호전문기관	031 – 245 – 2448
경기북부아동보호전문기관	031 – 874 – 9100
경기성남아동보호전문기관	031 – 756 – 1391
경기고양아동보호전문기관	031 – 966 – 1391
경기부천아동보호전문기관	032 – 662 – 2580
경기화성아동보호전문기관	031 – 227 – 1310
경기남양주아동보호전문기관	031 – 592 – 9818
– 인천	
인천남부아동보호전문기관	032 – 424 – 1391
인천광역시아동보호전문기관	032 – 434 – 1391
인천북부아동보호전문기관	032 – 515 – 1391
– 충청북도	
충청북도아동보호전문기관	043 – 216 – 1391
충북북부아동보호전문기관	043 – 645 – 9078
충북남부아동보호전문기관	043 – 731 – 3686
– 충청남도	
충청남도서부아동보호전문기관	041 – 635 – 1106
충청남도아동보호전문기관	041 – 578 – 2655
충청남도남부아동보호전문기관	041 – 734 – 6640~1
– 대전	
대전광역시아동보호전문기관	042 – 254 – 6790
– 세종시	
세종시아동보호전문기관	044 – 864 – 1393

기관명	연락처
－ 전라북도	
전라북도아동보호전문기관	063 － 283 － 1391
전라북도서부아동보호전문기관	063 － 852 － 1391
전라북도서부아동보호전문기관 군산분소	063 － 734 － 1391
전라북도동부아동보호전문기관	063 － 635 － 1391~3
－ 전라남도	
전남중부권아동보호전문기관	061 － 332 － 1391
전라남도아동보호전문기관	061 － 753 － 5125
전남서부권아동보호전문기관	061 － 285 － 1391
전남서부권아동보호전문기관 분사무소	061 － 284 － 1391
－ 광주	
빛고을아동보호전문기관	062 － 675 － 1391
광주광역시아동보호전문기관	062 － 385 － 1391
－ 경상북도	
경북남부아동보호전문기관	054 － 745 － 1391
경북북부아동보호전문기관	054 － 853 － 0237~8
경북동부아동보호전문기관	054 － 284 － 1391
경북서부아동보호전문기관	054 － 455 － 1391
－ 경상남도	
김해시아동보호전문기관	055 － 322 － 1391
경상남도아동보호전문기관	055 － 244 － 1391
경상남도아동보호전문기관 양산사무소	055 － 367 － 1391
경남서부아동보호전문기관	055 － 757 － 1391
－ 대구	
대구광역시북부아동보호전문기관	053 － 710 － 1391
대구광역시남부아동보호전문기관	053 － 623 － 1391
대구광역시아동보호전문기관	053 － 422 － 1391
－ 강원	
강원남부아동보호전문기관	033 － 535 － 5391

기관명	연락처
강원도아동보호전문기관	033 － 244 － 1391
강원동부아동보호전문기관	033 － 644 － 1391
강원서부아동보호전문기관	033 － 766 － 1391
－ 울산	
울산남부아동보호전문기관	052 － 256 － 1391
울산광역시아농보호전눈기관	052 － 245 － 9382
－ 부산	
부산남부아동보호전문기관	051 － 791 － 1360
부산서부아동보호전문기관	051 － 711 － 1391
부산광역시아동보호전문기관	051 － 791 － 1391
부산동부아동보호전문기관	051 － 715 － 1391
－ 제주	
제주특별자치도아동보호전문기관	064 － 712 － 1391~2
서귀포시아동보호전문기관	064 － 732 － 1391
〈아동학대예방센터〉	
서울특별시아동학대예방센터	02 － 2040 － 4242
서울동부아동학대예방센터	02 － 2247 － 1391
서울강서아동학대예방센터	02 － 3665 － 5184
서울은평아동학대예방센터	02 － 3157 － 1391
서울영등포아동학대예방센터	02 － 842 － 0094
서울성북아동학대예방센터	02 － 923 － 5440
서울마포아동학대예방센터	02 － 422 － 1391
서울동남권아동학대예방센터	02 － 474 － 1391
〈아동학대예방협회_민간단체〉 － 서울	
서울시 강동구 지회	010 － 7169 － 7851
서울시 강서구 지회	010 － 5239 － 7334
서울시 강북구 지회	011 － 790 － 7707
서울시 구로구 지회	010 － 6747 － 0101
서울시 관악구 지회	02 － 884 － 2795, 010 － 6265 － 2745
서울 강북구 수유 지회	010 － 5001 － 7299
서울시 금천구 지회	010 － 3207 － 7932
서울시 노원구 지회	010 － 5084 － 8425

기관명	연락처
서울시 동대문구 이문지회	010 - 7302 - 1122
서울시 동대문구 지회	010 - 2322 - 5258
서울시 동작구 지회	010 - 3780 - 5874, 02 - 826 - 4916
서울시 동작구 상도 지회	010 - 8728 - 1366
서울시 서대문구 지회	010 - 5313 - 0655
서울시 송파구 지회	010 - 5280 - 1497
서울시 양천구 지회	010 - 8745 - 3644
서울시 영등포구 지회	010 - 6656 - 8309
서울시 용산구 지회	010 - 3383 - 7413
서울시 서초구 지회	02 - 599 - 6009, 010 - 4728 - 5591
서울시 성북구 지회	02 - 599 - 6009, 010 - 4728 - 5591
서울시 성동구 지회	02 - 2297 - 1896, 010 - 9377 - 1896
서울시 중랑구 지회	010 - 3288 - 3010
서울시 강남구 지회	010 - 2848 - 1215
－ 인천	
인천광역시 중구 지부	010 - 3225 - 8938
－ 경기도	
경기도 지부	031 - 654 - 7797, 010 - 9475 - 7787
경기도 고양시 지회	010 - 8280 - 0699
경기도 광명시 지회	010 - 8327 - 9819
경기도 일산시 서구 지회	010 - 2571 - 0192
경기도 이천시 지회	02 - 2201 - 6501, 010 - 2555 - 7111
경기도 안양시 지회	010 - 7316 - 1569
경기도 안산시 지회	010 - 2055 - 1569
경기도 용인시 지회	031 - 282 - 2221, 010 - 8921 - 2526
경기도 수원시 지회	010 - 6280 - 8596
경기도 수원시 권선구 지회	031 - 237 - 1515, 010 - 2004 - 8281
경기도 수원시 영통구 지회	031 - 216 - 1159

기관명	연락처
경기도 수원시 장안구 지회	010 - 9282 - 9892
경기도 수원시 팔달구 지회	010 - 5350 - 7919
경기도 성남시 지회	031 - 781 - 2611
경기도 오산시 지회	010 - 6727 - 4447
경기도 부천시 지회	010 - 8744 - 4957
경기도 평택시 비전 지회	010 - 3337 - 3044
경기도 성남시 분당구 지회	010 - 8216 - 5777
경기도 화성시 지회	031 - 226 - 2004, 010 - 2599 - 7685
경기도 화성시 남부지회	031 - 221 - 1190, 010 - 2375 - 1190
경기도 화성시 서부지부	031 - 227 - 7268, 010 - 4023 - 7218
경기도 화성시 동부지회	010 - 2842 - 7656
경기도 화성 서남부지회	010 - 5006 - 9861
경기도 화성 북부지회	010 - 7477 - 5713
경기도 화성시 화성융건지회 지회장	010 - 3310 - 2075
－ 경상남도	
경상남도 함안 지회	055 - 582 - 7589, 010 - 3066 - 7099
－ 경상북도	
경상북도 지부	054 - 532 - 1473
－ 전라북도	
전북지회	010 - 4001 - 1010
－ 전라남도	
전라남도 광주시 남구 지회	010 - 2214 - 4800
－ 충청남도	
충청남도 지부	041 - 545 - 6521, 010 - 5451 - 6522
충청남도 보령시 지회	041 - 935 - 0160
충청남도 예산시 지회	041 - 335 - 1961, 010 - 2519 - 8474
충청남도 태안군 지부	010 - 9699 - 7179

기관명	연락처
－ 강원도	
강원도 지부	033 － 255 － 1387 010 － 9589 － 8079
－ 울산	
울산광역시 울산 지부	010 － 2562 － 1455
울산광역시 울주군 지회	010 － 9311 － 4830
m－ 제주	
제주특별자치도 지부	064 － 725 － 1200, 010 － 3751 － 2864

청소년 관련 기관

기관명	연락처
에듀넷 도란도란 학교폭력예방	117
청소년 사이버상담센터	1388
청예단 학교폭력SOS지원단	02 – 598 – 1640
탁틴내일(아동청소년성폭력 상담소)	02 – 3141 – 6191

〈청소년상담복지센터〉

기관명	연락처
서울특별시청소년상담복지센터	02 – 2285 – 1318
서울강남구청소년상담복지센터	02 – 2226 – 8555
서울강동구청소년상담복지센터	070 – 8819 – 1388
서울강북구청소년상담복지센터	02 – 6715 – 6661
서울강서구청소년상담복지센터	02 – 2061 – 8998
서울관악구청소년상담복지센터	02 – 872 – 1318
서울광진구청소년상담복지센터	02 – 2205 – 2300
서울구로구청소년상담복지센터	02 – 852 – 1319
서울금천구청소년상담복지센터	02 – 803 – 1873
서울노원구청소년상담복지센터	02 – 2091 – 1387
서울도봉구청소년상담복지센터	02 – 950 – 9641
서울동대문구청소년상담복지센터	02 – 2236 – 1377
서울동작구청소년상담복지센터	02 – 845 – 1388
서울마포구청소년상담복지센터	02 – 3153 – 5982
서울서대문구청소년상담복지센터	02 – 3141 – 1318
서울서초구청소년상담복지센터	02 – 586 – 9128
서울성동구청소년상담복지센터	02 – 2299 – 1388
서울성북구청소년상담복지센터	02 – 3292 – 1779
서울송파구청소년상담복지센터	02 – 449 – 7173
서울양천구청소년상담복지센터	02 – 2646 – 8341
서울영등포구청소년상담복지센터	02 – 2676 – 6114
서울용산구청소년상담복지센터	02 – 716 – 1318
서울은평구청소년상담복지센터	02 – 384 – 1318
서울종로구청소년상담복지센터	02 – 762 – 1318

기관명	연락처
서울중랑구청소년상담복지센터	02 – 496 – 1895
부산광역시청소년상담복지센터	051 – 804 – 5001 ~ 2
부산금정구청소년상담복지센터	051 – 581 – 2084
부산기장군청소년상담복지센터	051 – 792 – 4880
부산남구청소년상담복지센터	051 – 621 – 1389
부산동래구청소년상담복지센터	051 – 555 – 1387
부산북구청소년상담복지센터	051 – 343 – 1388
부산사하구청소년상담복지센터	051 – 207 – 7169
부산서구청소년상담복지센터	051 – 714 – 3013
부산수영구청소년상담복지센터	051 – 759 – 8413
부산영도구청소년상담복지센터	051 – 405 – 5605
부산진구청소년상담복지센터	051 – 868 – 0956
부산해운대구청소년상담복지센터	051 – 731 – 4046
사상구청소년상담복지센터	051 – 327 – 1388
대구광역시청소년상담복지센터	053 – 659 – 6240
대구남구청소년상담복지센터	053 – 624 – 0996
대구달서구청소년상담복지센터	053 – 638 – 1388
대구달성군청소년상담복지센터	053 – 614 – 1388
대구동구청소년상담복지센터	053 – 984 – 1319
대구북구청소년상담복지센터	053 – 324 – 7388
대구서구청소년상담복지센터	053 – 562 – 1388
대구수성구청소년상담복지센터	053 – 759 – 1388
대구중구청소년상담복지센터	053 – 423 – 1377
인천광역시청소년상담복지센터	032 – 429 – 0394
인천계양구청소년상담복지센터	032 – 547 – 0855
인천남동구청소년상담복지센터	032 – 469 – 7197
인천동구청소년상담복지센터	032 – 777 – 1388
인천미추홀구청소년상담복지센터	032 – 862 – 8751
인천부평구청소년상담복지센터	032 – 509 – 8916
인천서구청소년상담복지센터	032 – 584 – 1388
인천연수구청소년상담복지센터	032 – 818 – 0358

기관명	연락처
인천중구청소년상담복지센터	032 – 773 – 1317
광주광역시청소년상담복지센터	062 – 226 – 8181
광주광산구청소년상담복지센터	062 – 943 – 1388
광주남구청소년상담복지센터	062 – 675 – 1388
광주동구청소년상담복지센터	062 – 229 – 3308
광주북구청소년상담복지센터	062 – 251 – 1388
광주서구청소년상담복지센터	062 – 375 – 1388
대전광역시청소년상담복지센터	042 – 257 – 6577
대전서구청소년상담복지센터	042 – 527 – 1112 ~3
대전유성구청소년상담복지센터	042 – 824 – 3454
경기도청소년상담복지센터	031 – 248 – 1318
가평군청소년상담복지센터	031 – 581 – 0397
고양시청소년상담복지센터	031 – 979 – 1318
과천시청소년상담복지센터	02 – 504 – 1388
광명시립청소년상담복지센터	02 – 809 – 2000
광주시청소년상담복지센터	031 – 760 – 2219
구리시청소년상담복지센터	031 – 557 – 2000
군포시청소년상담복지센터	031 – 397 – 1388
김포시청소년상담복지센터	031 – 984 – 1388
남양주시청소년상담복지센터 (본소)	031 – 590 – 8097 ~8, 031 – 590 – 8971 ~2
남양주시청소년상담복지센터 (동부분소)	031 – 590 – 8403, 8404
남양주시청소년상담복지센터 (북부분소)	031 – 590 – 8979, 8980
동두천시청소년상담복지센터	031 – 861 – 1388
부천시청소년상담복지센터 (본소)	032 – 325 – 3002
부천시청소년상담복지센터 (분소_소사센터)	032 – 325 – 3002
부천시청소년상담복지센터 (오정분소)	032 – 325 – 3002
성남시청소년상담복지센터	031 – 756 – 1388

기관명	연락처
수원시청소년상담복지센터(팔달)	031 – 218 – 0446
수원시청소년상담복지센터(장안)	031 – 242 – 1318
수원시청소년상담복지센터(영통)	031 – 215 – 1318
수원시청소년상담복지센터(권선)	031 – 236 – 1318
수원시청소년상담복지센터(광교)	031 – 216 – 8354
수원시청소년상담복지센터(칠보)	031 – 278 – 6862
시흥시청소년상담복지센터	031 – 318 – 7100
안산시청소년상담복지센터	031 – 414 – 1318
안성시청소년상담복지센터	031 – 676 – 1318
안양시청소년상담복지센터	031 – 446 – 0242
양주시청소년상담복지센터	031 – 858 – 1318
양평군청소년상담복지센터	031 – 775 – 1318
여주시청소년상담복지센터	031 – 882 – 8889
연천군청소년상담복지센터	031 – 832 – 4452
오산시청소년상담복지센터	031 – 372 – 4004
용인시청소년상담복지센터	031 – 324 – 9300
의왕시청소년상담복지센터	031 – 452 – 1388
의정부시청소년상담복지센터 (본소)	031 – 873 – 1388
의정부시청소년상담복지센터 (호원분소)	031 – 873 – 1388
이천시청소년상담복지센터	031 – 632 – 7099
파주시청소년상담복지센터	031 – 946 – 0022
평택시청소년상담복지센터	031 – 656 – 1383
포천시청소년상담복지센터 (본소)	031 – 533 – 1318
포천시청소년상담복지센터(포천 분소)	031 – 536 – 1388
하남시청소년상담복지센터	031 – 790 – 6680
화성시청소년상담복지센터 (본소)	031 – 225 – 1318, 031 – 225 – 0924
화성시청소년상담복지센터 (향남분소)	031 – 225 – 1318, 031 – 225 – 0924
강원도청소년상담복지센터	033 – 256 – 9803, 033 – 256 – 9804
강릉시청소년상담복지센터	033 – 646 – 7942

기관명	연락처
동해시청소년상담복지센터	033 – 535 – 1388
속초시청소년상담복지센터	033 – 638 – 1388
영월군청소년상담복지센터	033 – 375 – 1318
원주시청소년상담복지센터	033 – 744 – 1388
정선군청소년상담복지센터	033 – 591 – 1313
철원군청소년상담복지센터	033 – 452 – 2000
춘천시청소년상담복지센터	033 – 818 – 1388
태백시청소년상담복지센터	033 – 582 – 1377
홍천군청소년상담복지센터	033 – 433 – 1386
횡성군청소년상담복지센터	033 – 344 – 1388
충청북도청소년상담복지센터	043 – 258 – 2000
괴산군청소년상담복지센터	043 – 830 – 3826
단양군청소년상담복지센터	043 – 421 – 8370
보은군청소년상담복지센터	043 – 542 – 1388
서청주청소년상담복지센터	043 – 297 – 1388
영동군청소년상담복지센터	043 – 744 – 5700
옥천군청소년상담복지센터	043 – 731 – 1388
음성군청소년상담복지센터	043 – 873 – 1318
제천시청소년상담복지센터	043 – 642 – 7949
증평군청소년상담복지센터	043 – 835 – 4188
진천군청소년상담복지센터	043 – 536 – 3430
청주시청소년상담복지센터	043 – 275 – 1388
충주시청소년상담복지센터	043 – 842 – 2007
충청남도청소년상담복지센터	041 – 554 – 2130
계룡시청소년상담복지센터	042 – 551 – 1318
공주시청소년상담복지센터	041 – 856 – 1388
금산군청소년상담복지센터	041 – 751 – 2007
논산시청소년상담복지센터	041 – 736 – 2041
당진시청소년상담복지센터	041 – 357 – 2000
보령시청소년상담복지센터	041 – 936 – 5710
부여군청소년상담복지센터	041 – 836 – 1898
서산시청소년상담복지센터	041 – 669 – 2000
서천군청소년상담복지센터	041 – 953 – 4040
아산시청소년상담복지센터	041 – 532 – 2000
예산군청소년상담복지센터	041 – 335 – 1388

기관명	연락처
천안시청소년상담복지센터	041 – 622 – 1388
청양군청소년상담복지센터	041 – 942 – 9596
태안군청소년상담복지센터	041 – 674 – 2800
홍성군청소년상담복지센터	041 – 634 – 4858
전라북도청소년상담복지센터	063 – 276 – 6291
고창군청소년상담복지센터	063 – 563 – 6792
군산시청소년상담복지센터	063 – 466 – 1388
김제시청소년상담복지센터	063 – 544 – 1377
남원시청소년상담복지센터	063 – 635 – 1388
무주군청소년상담복지센터	063 – 323 – 7717
부안군청소년상담복지센터	063 – 583 – 8772
순창군청소년상담복지센터	063 – 653 – 4646
완주군청소년상담복지센터	063 – 291 – 7373
익산시청소년상담복지센터	063 – 852 – 1388
임실군청소년상담복지센터	063 – 644 – 1388
장수군청소년상담복지센터	063 – 351 – 5161
전주시청소년상담복지센터	063 – 236 – 1388
정읍시청소년상담복지센터	063 – 531 – 3000
진안군청소년상담복지센터	063 – 433 – 2377
전라남도청소년상담복지센터	061 – 280 – 9001
강진군청소년상담복지센터	061 – 432 – 1388
고흥군청소년상담복지센터	061 – 834 – 1317 ~8
곡성군청소년상담복지센터	061 – 363 – 9584
광양시청소년상담복지센터	061 – 795 – 1388
구례군청소년상담복지센터	061 – 782 – 0884
나주시청소년상담복지센터	061 – 334 – 1388
담양군청소년상담복지센터	061 – 381 – 1386
목포시청소년상담복지센터	061 – 272 – 2440
무안군청소년상담복지센터	061 – 454 – 5284
보성군청소년상담복지센터	061 – 853 – 1388
순천시청소년상담복지센터	061 – 745 – 1388
신안군청소년상담복지센터	061 – 240 – 8703
여수시청소년상담복지센터	061 – 663 – 2000
영광군청소년상담복지센터	061 – 353 – 1388

기관명	연락처
영암군청소년상담복지센터	061 – 471 – 8375
완도군청소년상담복지센터	061 – 554 – 1318
장성군청소년상담복지센터	061 – 817 – 1388
장흥군청소년상담복지센터	061 – 863 – 1318
진도군청소년상담복지센터	061 – 544 – 5122
함평군청소년상담복지센터	061 – 323 – 1324
해남군청소년상담복지센터	061 – 537 – 1388
화순군청소년상담복지센터	061 – 375 – 7442
경상북도청소년상담복지센터	054 – 1388
경산시청소년상담복지센터	053 – 812 – 1318
경주시청소년상담복지센터	054 – 742 – 1388
고령군청소년상담복지센터	054 – 956 – 1383
구미시청소년상담복지센터	054 – 443 – 1387
군위군청소년상담복지센터	054 – 382 – 1388
김천시청소년상담복지센터	054 – 435 – 1388
문경시청소년상담복지센터	054 – 556 – 1389
봉화군청소년상담복지센터	054 – 674 – 1388
상주시청소년상담복지센터	054 – 535 – 3511
성주군청소년상담복지센터	054 – 931 – 1398
안동시청소년상담복지센터	054 – 859 – 1318
영덕군청소년상담복지센터	054 – 732 – 1318
영주시청소년상담복지센터	054 – 634 – 1318
영천시청소년상담복지센터	054 – 338 – 1388
예천군청소년상담복지센터	054 – 654 – 9901
울진군청소년상담복지센터	054 – 781 – 0079
의성군청소년상담복지센터	054 – 834 – 7933
청도군청소년상담복지센터	054 – 373 – 1610
청송군청소년상담복지센터	054 – 872 – 7626
칠곡군청소년상담복지센터	054 – 971 – 0418
포항시청소년상담복지센터	054 – 252 – 0020
경상남도청소년지원재단	055 – 711 – 1388
거제시청소년상담복지센터	055 – 636 – 2000
거창군청소년상담복지센터	055 – 941 – 2000
고성군청소년상담복지센터	055 – 673 – 6882
김해시청소년상담복지센터(본소)	055 – 325 – 2000

기관명	연락처
김해시청소년상담복지센터 (서부)	055 – 330 – 7920
남해군청소년상담복지센터	055 – 863 – 5279
밀양시청소년상담복지센터	055 – 355 – 2000
사천시청소년상담복지센터	055 – 835 – 4199
산청군청소년상담복지센터	055 – 973 – 8423
양산시청소년상담복지센터(본소)	055 – 372 – 2000
양산시청소년상담복지센터(웅상 분소)	055 – 367 – 1318
의령군청소년상담복지센터	055 – 570 – 2427
진주시청소년상담복지센터	055 – 744 – 2000
창녕군청소년상담복지센터	055 – 532 – 2000
창원시마산청소년상담복지센터	055 – 245 – 7941, 055 – 245 – 7925
창원시진해청소년상담복지센터	055 – 551 – 2000
창원시창원청소년상담복지센터	055 – 273 – 2000
통영시청소년상담복지센터	055 – 644 – 2000
하동군청소년상담복지센터	055 – 883 – 3000
함안군청소년상담복지센터	055 – 583 – 0924
함양군청소년상담복지센터	055 – 963 – 7922
합천군청소년상담복지센터	055 – 932 – 5499
울산광역시청소년상담복지센터	052 – 1388
울산남구청소년상담복지센터	052 – 291 – 1388
울산동구청소년상담복지센터	052 – 233 – 5279
울산북구청소년상담복지센터	052 – 283 – 1388
울산울주군청소년상담복지센터	052 – 229 – 1388
세종특별자치시청소년상담복지 센터	044 – 867 – 2022
제주특별자치도청소년상담복 지센터	064 – 759 – 9951
서귀포시청소년상담복지센터	064 – 763 – 9191
제주시청소년상담복지센터	064 – 725 – 7999
〈Wee센터〉 – 서울	
북부Wee센터	02 – 949 – 7887
서부Wee센터	02 – 390 – 5585

기관명	연락처
서울통합Wee센터	02 – 3999 – 505
성동광진Wee센터	02 – 2205 – 3633
성북강북Wee센터	02 – 917 – 7887
중부Wee센터	02 – 722 – 7887
학업중단예방Wee센터	02 – 3999 – 098
강남서초Wee센터	02 – 3444 – 7887
강동송파Wee센터	02 – 3431 – 7887
강서양천Wee센터	02 – 2665 – 7179
남부SOS통합Wee센터	02 – 864 – 8416
남부Wee센터	02 – 2677 – 7887
남부교육지원청 꿈세움Wee센터	02 – 2625 – 9128
동부Wee센터	02 – 2233 – 7883
동작관악Wee센터	02 – 884 – 7887
마음이랑 Wee센터	02 – 2297 – 7887
밝음이랑Wee센터	02 – 853 – 2460
－ 경기	
가평교육지원청Wee센터	031 – 580 – 5174
고양교육지원청Wee센터	031 – 901 – 9173
광명교육지원청Wee센터	02 – 2610 – 1472
광주하남교육지원청Wee센터	031 – 760 – 4092
구리남양주교육지원청Wee센터	031 – 550 – 6132
군포의왕교육지원청Wee센터	031 – 390 – 1113
김포교육지원청Wee센터	031 – 985 – 3986
동두천양주교육지원청Wee센터	031 – 860 – 4354
부천교육지원청Wee센터	070 – 7099 – 2175
성남교육지원청Wee센터	031 – 780 – 2655
수원교육지원청Wee센터	031 – 246 – 0818
시흥교육지원청Wee센터	031 – 488 – 2417
안산교육지원청Wee센터	031 – 508 – 5805
안성교육지원청Wee센터	031 – 678 – 5285
안양과천교육지원청Wee센터	031 – 380 – 7070
양평교육지원청Wee센터	031 – 770 – 5284
여주교육지원청Wee센터	031 – 883 – 2795

기관명	연락처
연천교육지원청Wee센터	031 – 839 – 0129
용인교육지원청Wee센터	031 – 889 – 5890
의정부교육지원청Wee센터	031 – 820 – 0093
이천교육지원청Wee센터	031 – 639 – 5638
파주교육지원청Wee센터	070 – 4918 – 2422
평택교육지원청Wee센터	031 – 665 – 0806
포천교육지원청Wee센터	031 – 539 – 0026
화성오산교육지원청Wee센터	031 – 371 – 0658
－ 인천	
강화교육지원청Wee센터	032 – 930 – 7820
남부교육지원청Wee센터	032 – 764 – 7179
동부교육지원청Wee센터	032 – 460 – 6371
북부교육지원청Wee센터	032 – 510 – 5467
서부교육지원청Wee센터	032 – 555 – 7179
인천광역시교육청Wee센터	032 – 432 – 7179
－ 충남	
공주교육지원청Wee센터	041 – 850 – 2339
금산교육지원청Wee센터	041 – 750 – 8813
논산계룡교육지원청Wee센터	041 – 730 – 7146
당진교육지원청Wee센터	041 – 351 – 2534
보령교육지원청 Wee센터	041 – 930 – 6380
부여교육지원청Wee센터	041 – 830 – 8290
서산교육지원청Wee센터	041 – 660 – 0347
서천교육지원청Wee센터	041 – 951 – 9435
아산교육지원청Wee센터	041 – 539 – 2480
예산교육지원청Wee센터	041 – 330 – 3671
천안교육지원청Wee센터	041 – 629 – 0401
청양교육지원청Wee센터	041 – 940 – 4490
태안교육지원청Wee센터	041 – 670 – 8252
홍성교육지원청Wee센터	041 – 630 – 5553
－ 충북	
괴산증평교육지원청Wee센터	043 – 830 – 5079
단양교육지원청Wee센터	043 – 420 – 6121
보은교육지원청Wee센터	043 – 540 – 5556
영동교육지원청Wee센터	043 – 740 – 7725

기관명	연락처	기관명	연락처
옥천교육지원청Wee센터	043 − 731 − 5062	군산교육지원청Wee센터	063 − 450 − 2680
음성교육지원청Wee센터	043 − 872 − 3351	김제교육지원청Wee센터	063 − 540 − 2551
제천교육지원청Wee센터	043 − 653 − 0179	남원교육지원청Wee센터	063 − 635 − 8530
진천교육지원청Wee센터	043 − 530 − 5361	무주교육지원청Wee센터	063 − 324 − 3399
청주교육지원청Wee센터	043 − 270 − 5853	부안교육지원청Wee센터	063 − 580 − 7448
충주교육시원청Wee센터	043 − 845 − 0252	순창교육지원청Wee센터	063 − 650 − 6322
− 대전		완주교육지원청Wee센터	063 − 270 − 7696
대전시교육청 Wee센터	042 − 480 − 7878	익산교육지원청 제1 Wee센터	063 − 850 − 8990
동부교육지원청Wee센터	042 − 229 − 1250	익산교육지원청 제2 Wee센터	063 − 852 − 4501
서부교육지원청Wee센터	042 − 530 − 1004	임실교육지원청Wee센터	063 − 640 − 3571
− 전남		장수교육지원청Wee센터	063 − 350 − 5226
강진교육지원청Wee센터	061 − 430 − 1533	전주교육지원청덕진Wee센터	063 − 253 − 9214
고흥교육지원청Wee센터	061 − 830 − 2074	전주교육지원청완산Wee센터	063 − 253 − 9523
곡성교육지원청Wee센터	061 − 362 − 3994	정읍교육지원청Wee센터	063 − 530 − 3080
광양교육지원청Wee센터	061 − 762 − 2821	진안교육지원청Wee센터	063 − 430 − 6294
구례교육지원청Wee센터	061 − 780 − 6690	− 광주	
나주교육지원청Wee센터	061 − 337 − 7179	동부교육지원청Wee센터	062 − 605 − 5700
담양교육지원청Wee센터	061 − 383 − 7179	서부교육지원청Wee센터	062 − 600 − 9816
목포교육지원청Wee센터	061 − 280 − 6624	서부교육지원청광산Wee센터	062 − 974 − 0078
무안교육지원청Wee센터	061 − 450 − 7025	− 경남	
보성교육지원청Wee센터	061 − 850 − 7125	거제교육지원청Wee센터	055 − 636 − 9673
순천교육지원청Wee센터	061 − 729 − 7779	거창교육지원청Wee센터	055 − 940 − 6191
신안교육지원청Wee센터	061 − 240 − 3690	고성교육지원청Wee센터	055 − 673 − 3801
여수교육지원청Wee센터	061 − 690 − 0833	김해교육지원청Wee센터	070 − 8767 − 7571
영광교육지원청Wee센터	061 − 350 − 6645	남해교육지원청Wee센터	055 − 864 − 3653
영암교육지원청Wee센터	061 − 470 − 4135	밀양교육지원청Wee센터	055 − 350 − 1494
완도교육지원청Wee센터	061 − 550 − 0575	사천교육지원청Wee센터	055 − 830 − 1544
장성교육지원청Wee센터	061 − 390 − 6195	산청교육지원청Wee센터	055 − 970 − 3037
장흥교육지원청Wee센터	061 − 860 − 1294	양산교육지원청Wee센터	055 − 379 − 3053
진도교육지원청Wee센터	061 − 540 − 5115	의령교육지원청Wee센터	055 − 570 − 7131
함평교육지원청Wee센터	061 − 320 − 6631	진주교육지원청Wee센터	055 − 740 − 2091
해남교육지원청Wee센터	061 − 530 − 1147	창녕교육지원청Wee센터	055 − 530 − 3505
화순교육지원청Wee센터	061 − 370 − 7196	창원교육지원청Wee센터	055 − 210 − 0461
− 전북		통영교육지원청Wee센터	055 − 650 − 8025
고창교육지원청Wee센터	063 − 560 − 1616	하동교육지원청Wee센터	055 − 880 − 1952

기관명	연락처
함안교육지원청Wee센터	055－580－8048
함양교육지원청Wee센터	055－960－2723
합천교육지원청Wee센터	055－930－7060
－ 경북	
경산교육지원청Wee센터	053－810－7508
경주교육지원청Wee센터	054－743－7142
고령교육지원청Wee센터	054－950－2592
구미교육지원청Wee센터	054－465－6279
군위교육지원청Wee센터	054－380－8240
김천교육지원청Wee센터	054－420－5288
문경교육지원청Wee센터	054－550－5531
봉화교육지원청Wee센터	054－679－1790
상주교육지원청Wee센터	054－531－9940
성주교육지원청Wee센터	054－930－2075
안동교육지원청Wee센터	054－859－9501
영덕교육지원청Wee센터	054－730－8015
영양교육지원청Wee센터	054－680－2281
영주교육지원청Wee센터	054－630－4214
영천교육지원청Wee센터	054－330－2328
예천교육지원청Wee센터	054－650－2552
울릉교육지원청Wee센터	054－790－3032
울진교육지원청Wee센터	054－782－9915
의성교육지원청Wee센터	054－830－1125
청도교육지원청Wee센터	054－370－1122
청송교육지원청Wee센터	054－874－9360
칠곡교육지원청Wee센터	054－979－2129
포항교육지원청Wee센터	054－244－2090
－ 대구	
경북Wee센터	053－326－9279
남부교육지원청Wee센터	053－234－0151
달성교육지원청Wee센터	053－235－0060
대구가톨릭Wee센터	053－654－1388
대동Wee센터	053－746－7380
동부교육지원청Wee센터	053－232－0022
동산Wee센터	053－431－0288

기관명	연락처
서부교육지원청Wee센터	053－233－0023
영남Wee센터	053－217－2323
－ 세종	
세종시교육청 세종아람Wee센터	044－715－7979
세종시교육청Wee센터	044－320－2470
－ 강원	
강릉교육지원청Wee센터	033－640－1280
고성교육지원청Wee센터	033－680－6025
동해교육지원청Wee센터	033－530－3035
삼척교육지원청Wee센터	033－570－5104
속초양양교육지원청Wee센터	033－639－6054
양구교육지원청Wee센터	033－482－8753
영월교육지원청Wee센터	033－370－1133
원주교육지원청Wee센터	033－760－5691
인제교육지원청Wee센터	033－460－1005
정선교육지원청Wee센터	033－562－5877
철원교육지원청Wee센터	033－452－1007
춘천교육지원청Wee센터	033－259－1691
태백교육지원청 Wee센터	033－581－0804
평창교육지원청Wee센터	033－330－1794
홍천교육지원청Wee센터	033－433－9232
화천교육지원청Wee센터	033－441－9924
횡성교육지원청Wee센터	033－340－0382
－ 부산	
남부교육지원청Wee센터	051－640－0205
동래교육지원청Wee센터	051－801－9190
북부교육지원청Wee센터	051－330－1361
서부교육지원청Wee센터	051－244－3266
해운대교육지원청Wee센터	051－709－0483
－ 제주	
서귀포시교육지원청Wee센터	064－730－8181
제주시교육청Wee센터	064－754－1252

기관명	연락처
〈학교밖 청소년 지원센터〉 − 서울	
용산구 청소년지원센터 꿈드림	02−706−1318
중랑구 청소년지원센터 꿈드림	02−490−0222
강북구 청소년지원센터 꿈드림	02−6715−6665, 6667
도봉구 청소년지원센터 꿈드림	02−950−9646
서울특별시 청소년지원센터 꿈드림	02−2285−1318
노원구 청소년지원센터 꿈드림	02−2091−1388
광진구 청소년지원센터 꿈드림	02−2205−2300
성북구 청소년지원센터 꿈드림	02−3292−1780
동대문구 청소년지원센터 꿈드림	02−2237−1318
중구 청소년지원센터 꿈드림	02−2250−0543
성동구 청소년지원센터 꿈드림	02−2299−1388
은평구 청소년지원센터 꿈드림	02−384−1318
서대문구 청소년지원센터 꿈드림	02−3141−1388
마포구 청소년지원센터 꿈드림	02−3153−5900
강서구 청소년지원센터 꿈드림	02−3662−1388
구로구 청소년지원센터 꿈드림	02−863−1318
금천구 청소년지원센터 꿈드림	02−803−1873
영등포구 청소년지원센터 꿈드림	02−2637−1318
동작구 청소년지원센터 꿈드림	02−834−1358
관악구 청소년지원센터 꿈드림	02−877−9400
서초구 청소년지원센터 꿈드림	070−4858−1837 ~8
강남구 청소년지원센터 꿈드림	02−2226−8555
송파구 청소년지원센터 꿈드림	02−3402−1318
강동구 청소년지원센터 꿈드림	02−6252−1388
양천구 청소년지원센터 꿈드림	02−2645−1318
− 경기	
경기도 청소년지원센터 꿈드림	031−253−1519
고양시 청소년지원센터 꿈드림	031−970−4032
가평군 청소년지원센터 꿈드림	031−582−2000
과천시 청소년지원센터 꿈드림	02−2150−3991
광명시 청소년지원센터 꿈드림	02−6677−1318

기관명	연락처
광주시 청소년지원센터 꿈드림	031−760−8741
구리시 청소년지원센터 꿈드림	031−565−1388
군포시 청소년지원센터 꿈드림	031−399−1366
김포시 청소년지원센터 꿈드림	031−980−1691 ~6
남양주시 청소년시원센터 꿈느림	031−590−3951
동두천시 청소년지원센터 꿈드림	031−865−2000
부천시 청소년지원센터 꿈드림	032−325−3002
성남시 청소년지원센터 꿈드림	031−729−9171 ~6
수원시 청소년지원센터 꿈드림	031−236−1318
시흥시 청소년지원센터 꿈드림	031−318−7100
안산시 청소년지원센터 꿈드림	031−414−1318
안성시 청소년지원센터 꿈드림	070−7458−1311
안양시 청소년지원센터 꿈드림	031−8045−5012
양주시 청소년지원센터 꿈드림	031−8082−4121
양평군 청소년지원센터 꿈드림	031−775−1317
여주시 청소년지원센터 꿈드림	031−882−8889
오산시 청소년지원센터 꿈드림	031−372−4004
용인시 청소년지원센터 꿈드림	031−328−9840
의왕시 청소년지원센터 꿈드림	031−459−1334
의정부시 청소년지원센터 꿈드림	031−828−9571
이천시 청소년지원센터 꿈드림	031−634−2777
파주시 청소년지원센터 꿈드림	031−946−0022
평택시 청소년지원센터 꿈드림	031−692−1306 ~8
포천시 청소년지원센터 꿈드림	031−538−3398
하남시 청소년지원센터 꿈드림	031−790−6304 ~5
화성시 청소년지원센터 꿈드림	031−278−0179
− 인천	
인천광역시 청소년지원센터 꿈드림	032−721−2300
계양구 청소년지원센터 꿈드림	032−547−0853

기관명	연락처
미추홀구 청소년지원센터 꿈드림	032 − 868 − 9846 ~7
남동구 청소년지원센터 꿈드림	032 − 453 − 5877 ~8
동구 청소년지원센터 꿈드림	032 − 777 − 1383
연수구 청소년지원센터 꿈드림	032 − 822 − 9840 ~1
중구 청소년지원센터 꿈드림	032 − 765 − 1009
서구 청소년지원센터 꿈드림	032 − 584 − 1387
부평구 청소년지원센터 꿈드림	032 − 509 − 8916
− 충청북도	
충청북도 청소년지원센터 꿈드림	043 − 257 − 0105~6
청주시 청소년지원센터 꿈드림	043 − 223 − 0753
서청주 청소년지원센터 꿈드림	043 − 264 − 8807 ~8
충주시 청소년지원센터 꿈드림	043 − 842 − 2007
제천시 청소년지원센터 꿈드림	043 − 642 − 7949
괴산군 청소년지원센터 꿈드림	043 − 830 − 3828
단양군 청소년지원센터 꿈드림	043 − 421 − 8370
보은군 청소년지원센터 꿈드림	043 − 542 − 1388
영동군 청소년지원센터 꿈드림	043 − 744 − 5700
옥천군 청소년지원센터 꿈드림	043 − 731 − 1388
음성군 청소년지원센터 꿈드림	043 − 872 − 9024
증평군 청소년지원센터 꿈드림	043 − 835 − 4193
진천군 청소년지원센터 꿈드림	043 − 536 − 3430
− 충청남도	
충청남도 청소년지원센터 꿈드림	041 − 554 − 1380
천안시 청소년지원센터 꿈드림	041 − 523 − 1318
공주시 청소년지원센터 꿈드림	041 − 854 − 7942
보령시 청소년지원센터 꿈드림	041 − 935 − 1388
아산시 청소년지원센터 꿈드림	041 − 544 − 1388
서산시 청소년지원센터 꿈드림	041 − 669 − 2000
논산시 청소년지원센터 꿈드림	041 − 736 − 2041
계룡시 청소년지원센터 꿈드림	042 − 841 − 0343
당진시 청소년지원센터 꿈드림	041 − 360 − 6961

기관명	연락처
금산군 청소년지원센터 꿈드림	041 − 751 − 1383
서천군 청소년지원센터 꿈드림	041 − 953 − 4040
청양군 청소년지원센터 꿈드림	041 − 942 − 1387
홍성군 청소년지원센터 꿈드림	041 − 642 − 1388
예산군 청소년지원센터 꿈드림	041 − 335 − 1388
태안군 청소년지원센터 꿈드림	041 − 674 − 2800
− 대전	
대전광역시 청소년지원센터 꿈드림	042 − 222 − 1388
서구 청소년지원센터 꿈드림	042 − 527 − 1388
유성구 청소년지원센터 꿈드림	042 − 826 − 1388
− 세종	
세종특별시 청소년지원센터 꿈드림	044 − 868 − 1318
− 전라북도	
전라북도 청소년지원센터 꿈드림	063 − 273 − 1388
김제시 청소년지원센터 꿈드림	063 − 545 − 0112
정읍시 청소년지원센터 꿈드림	063 − 531 − 3000
전주시 청소년지원센터 꿈드림	063 − 227 − 1005
무주군 청소년지원센터 꿈드림	063 − 324 − 6688
완주군 청소년지원센터 꿈드림	063 − 291 − 3303
익산시 청소년지원센터 꿈드림	063 − 852 − 1388
군산시 청소년지원센터 꿈드림	063 − 468 − 2870
순창군 청소년지원센터 꿈드림	063 − 652 − 1388
남원시 청소년지원센터 꿈드림	063 − 633 − 1977
− 전라남도	
나주시 청소년지원센터 꿈드림	061 − 335 − 1388
전라남도 청소년지원센터 꿈드림	061 − 242 − 7474
목포시 청소년지원센터 꿈드림	061 − 284 − 0924
여수시 청소년지원센터 꿈드림	070 − 8824 − 1318
순천시 청소년지원센터 꿈드림	061 − 749 − 4236
광양시 청소년지원센터 꿈드림	061 − 795 − 7008
담양군 청소년지원센터 꿈드림	061 − 381 − 1382
곡성군 청소년지원센터 꿈드림	061 − 363 − 9586
보성군 청소년지원센터 꿈드림	061 − 853 − 1381

기관명	연락처
강진군 청소년지원센터 꿈드림	061-432-1388
해남군 청소년지원센터 꿈드림	061-537-1318
무안군 청소년지원센터 꿈드림	061-454-5285
함평군 청소년지원센터 꿈드림	061-323-9995
영광군 청소년지원센터 꿈드림	061-353-6188
장성군 청소년지원센터 꿈드림	061-393-1387
신안군 청소년지원센터 꿈드림	061-240-8703
－ 광주	
광주광역시 청소년지원센터 꿈드림	062-376-1324
동구 청소년지원센터 꿈드림	062-673-1318
서구 청소년지원센터 꿈드림	062-710-1388
남구 청소년지원센터 꿈드림	062-716-1324
북구 청소년지원센터 꿈드림	062-268-1318
광산구 청소년지원센터 꿈드림	062-951-1378
－ 경상북도	
칠곡군 청소년지원센터 꿈드림	054-971-0425
고령군 청소년지원센터 꿈드림	054-956-1320
봉화군 청소년지원센터 꿈드림	054-674-1318
경상북도 청소년지원센터 꿈드림	054-850-1003
포항시 청소년지원센터 꿈드림	054-240-9171
경주시 청소년지원센터 꿈드림	054-760-7744~5
김천시 청소년지원센터 꿈드림	054-431-2009
안동시 청소년지원센터 꿈드림	054-841-7937
구미시 청소년지원센터 꿈드림	054-472-2000, 1388
영주시 청소년지원센터 꿈드림	054-639-5865
영천시 청소년지원센터 꿈드림	054-338-2000
상주시 청소년지원센터 꿈드림	054-537-6723~4
문경시 청소년지원센터 꿈드림	054-550-6600
경산시 청소년지원센터 꿈드림	053-815-4106
울진군 청소년지원센터 꿈드림	054-789-5436

기관명	연락처
－ 경상남도	
창녕군 청소년지원센터 꿈드림	055-532-2000
창원시 마산 청소년지원센터 꿈드림	055-225-7293
경상남도 청소년지원센터 꿈드림	055-711-1336
창원시 청소년지원센터 꿈드림	055-225-3893~4
진주시 청소년지원센터 꿈드림	055-744-8484
통영시 청소년지원센터 꿈드림	055-644-2000
사천시 청소년지원센터 꿈드림	055-832-7942
김해시 청소년지원센터 꿈드림	055-324-9190
밀양시 청소년지원센터 꿈드림	055-352-0924
거제시 청소년지원센터 꿈드림	055-639-4980
양산시 청소년지원센터 꿈드림 (본소)	055-372-2000
양산시 청소년지원센터 꿈드림 (음상분소)	055-367-1318
의령군 청소년지원센터 꿈드림	055-573-1388
함안군 청소년지원센터 꿈드림	055-583-0921
고성군 청소년지원센터 꿈드림	055-670-2921
남해군 청소년지원센터 꿈드림	055-864-7962
하동군 청소년지원센터 꿈드림	055-884-3001
산청군 청소년지원센터 꿈드림	055-970-6591
함양군 청소년지원센터 꿈드림	055-963-7922
거창군 청소년지원센터 꿈드림	055-940-3969
합천군 청소년지원센터 꿈드림	055-930-3911
－ 대구	
대구광역시 청소년지원센터 꿈드림	053-431-1388~7
중구 청소년지원센터 꿈드림	053-422-2121
동구 청소년지원센터 꿈드림	053-963-9400
서구 청소년지원센터 꿈드림	053-216-8310
남구 청소년지원센터 꿈드림	053-652-5656
북구 청소년지원센터 꿈드림	053-384-6985
수성구 청소년지원센터 꿈드림	053-666-4205~6

기관명	연락처
달서구 청소년지원센터 꿈드림	053－592－1378
달성군 청소년지원센터 꿈드림	053－617－1388
－ 강원도	
속초시 청소년지원센터 꿈드림	033－635－0924
강원도 청소년지원센터 꿈드림	033－257－9805
강릉시 청소년지원센터 꿈드림	033－655－1388
동해시 청소년지원센터 꿈드림	033－535－1038
영월군 청소년지원센터 꿈드림	033－375－1318
원주시 청소년지원센터 꿈드림	033－813－1318, 1319
정선군 청소년지원센터 꿈드림	033－591－1311
철원군 청소년지원센터 꿈드림	033－450－5388
홍천군 청소년지원센터 꿈드림	033－432－1386
춘천시청소년지원센터 꿈드림	033－818－1318
－ 울산	
울산광역시 청소년지원센터 꿈드림	052－227－2000
남구 청소년지원센터 꿈드림	052－291－1388
동구 청소년지원센터 꿈드림	052－232－5900
울주군 청소년지원센터 꿈드림	052－229－9634 ~5
북구 청소년지원센터 꿈드림	052－283－1388
－ 부산	
부산광역시 청소년지원센터 꿈드림	051－304－1318
강서구 청소년지원센터 꿈드림	051－972－4595
금정구 청소년지원센터 꿈드림	051－714－2079
기장군 청소년지원센터 꿈드림	051－792－4926 ~7
남구 청소년지원센터 꿈드림	051－621－4831
동래구 청소년지원센터 꿈드림	051－558－8833
부산진구 청소년지원센터 꿈드림	051－868－0950
북구 청소년지원센터 꿈드림	051－334－3003
사상구 청소년지원센터 꿈드림	051－316－2214
사하구 청소년지원센터 꿈드림	051－207－7179
서구 청소년지원센터 꿈드림	051－714－0701

기관명	연락처
수영구 청소년지원센터 꿈드림	051－759－8422
연제구 청소년지원센터 꿈드림	051－507－7658
영도구 청소년지원센터 꿈드림	051－405－5224
해운대구 청소년지원센터 꿈드림	051－715－1377 ~9
－ 제주	
제주특별자치도 청소년지원센터 꿈드림	064－759－9951
제주시 청소년지원센터 꿈드림	064－725－7999
서귀포시 청소년지원센터 꿈드림	064－763－9191

노인 관련 기관

기관명	연락처
〈노인보호전문기관〉	
중앙	02 – 3667 – 1389
서울남부	02 – 3472 – 1389
서울북부	02 921 – 1389
경기남부	031 – 736 – 1389
경기서부	032 – 683 – 1389
경기북부	031 – 821 – 1461
인천	032 – 426 – 8792~4
충북	043 – 259 – 8120~2
충북북부	043 – 846 – 1380~2
충남	041 – 534 – 1389
충남남부	041 – 734 – 1388,1389
대구남부	053 – 472 – 1389
대구북부	053 – 357 – 1389
전북	063 – 273 – 1389
전북서부	063 – 443 – 1389
전남	061 – 753 – 1389
전남서부	061 – 281 – 2391
광주	062 – 655 – 4155~7
경북	054 – 248 – 1389
경북서북부	054 – 655 – 1389,1390
경북서남부	054 – 436 – 1390
경남	055 – 222 – 1389
경남서부	055 – 754 – 1389
대전	042 – 472 – 1389
강원도	033 – 253 – 1389
강원동부	033 – 655 – 1389
강원남부	033 – 744 – 1389
울산	052 – 265 – 1380,1389
부산동부	051 – 468 – 8850
부산서부	051 – 867 – 9119
제주	064 – 757 – 3400
제주서귀포시	064 – 763 – 1999
한국노인의전화	062 – 351 – 5070

건강가정 · 다문화가족지원센터

기관명	연락처
〈건강가정 · 다문화가족지원센터〉	
－ 서울	
강남구	02 － 3412 － 2222
강동구	02 － 471 － 0812, 02 － 473 － 4986
강북구	02 － 987 － 2567
강서구	02 － 2606 － 2017
관악구	
관악구 (2센터)	02 － 883 － 9383, 02 － 883 － 9390
광진구	02 － 458 － 0622
구로구	02 － 830 － 0450
금천구	02 － 803 － 7747
노원구	02 － 979 － 3501
도봉구	02 － 995 － 6800
동대문구	02 － 957 － 0760
동작구	02 － 599 － 3301, 02 － 599 － 3260
마포구	02 － 3142 － 5482, 02 － 3142 － 5027
서대문구	02 － 322 － 7595
서울시	02 － 318 － 0227
서초구	
서초구 (2센터)	02 － 576 － 2852
성동구	02 － 3395 － 9447
성북구	02 － 3290 － 1660, 02 － 922 － 3304
송파구	02 － 443 － 3844
양천구	02 － 2065 － 3400
영등포구	02 － 2678 － 2193
용산구	02 － 797 － 9184
은평구	02 － 376 － 3761
종로구	02 － 764 － 3524
중구	02 － 2279 － 3891
중랑구	02 － 435 － 4142
－ 경기	
가평군	070 － 7510 － 5871

기관명	연락처
경기도	031 － 8008 － 8008
고양시	031 － 969 － 4041
과천시	02 － 503 － 0070
광명시	02 － 2615 － 0453
광주시	031 － 798 － 7137
구리시	031 － 556 － 3874
군포시	031 － 392 － 1811
김포시	031 － 996 － 5920
남양주시	031 － 556 － 8212
동두천시	031 － 863 － 3801, 031 － 863 － 3802
부천시	032 － 326 － 4212
성남시	031 － 755 － 9327
수원시	031 － 245 － 1310,1
시흥시	031 － 317 － 4522, 031 － 317 － 4524
안산시	031 － 501 － 0033
안성시	031 － 677 － 9336, 031 － 677 － 7191
안양시	031 － 8045 － 5572
양주시	031 － 858 － 5681
양평군	031 － 775 － 5957
여주시	031 － 886 － 0321
연천군	031 － 835 － 0093
오산시	031 － 378 － 9766, 031 － 372 － 1335
용인시	031 － 323 － 7131
의왕시	031 － 429 － 8931
의정부시	031 － 878 － 7117, 031 － 878 － 7880
이천시	031 － 637 － 5525
파주시	031 － 949 － 9161
평택시	031 － 615 － 3952
포천시	1577 － 9337, 031 － 532 － 2062
하남시	031 － 790 － 2966
화성시	031 － 267 － 8787
－ 인천	
강화군	032 － 932 － 1005, 032 － 933 － 0980

기관명	연락처
계양구	032 – 547 – 1017
남동구	032 – 467 – 3904
미추홀구	032 – 875 – 2993
부평구	032 – 508 – 0121
연수구	032 – 851 – 2730
인천동구	032 – 760 – 4904
인천서구	032 – 569 – 1560
인천중구	032 – 763 – 9337
– 충청북도	
괴산군	043 – 832 – 1078
음성군	043 – 873 – 8731
제천시	043 – 645 – 1995
증평군	043 – 835 – 3572
진천군	043 – 537 – 5435
청주시	043 – 263 – 1817
충주시	043 – 857 – 5960
– 충청남도	
공주시	041 – 853 – 0881
금산군	041 – 750 – 3990
논산시	041 – 733 – 7800
당진시	041 – 360 – 3200
보령시	041 – 934 – 3133
서산시	041 – 664 – 2710
서천군	041 – 953 – 3808
아산시	041 – 548 – 9772
예산군	041 – 332 – 1366
천안시	070 – 7733 – 8300
태안군	041 – 670 – 2523, 041 – 670 – 2396
홍성군	041 – 631 – 9337
– 대전	
대전서구	042 – 520 – 5928
대전시	042 – 252 – 9989, 042 – 932 – 9995
– 세종	
세종시	044 – 862 – 9336
– 전라북도	

기관명	연락처
군산시	063 – 443 – 5300
남원시	063 – 631 – 6700
무주군	063 – 322 – 1130
완주군	063 – 261 – 1033
익산시	063 – 838 – 6046
전주시	063 – 231 – 0182
정읍시	063 – 535 – 1283
– 전라남도	
강진군	061 – 433 – 9004
곡성군	061 – 362 – 5411
광양시	061 – 797 – 6800
구례군	061 – 781 – 8003
나주시	061 – 331 – 0709
목포시	061 – 247 – 2311
보성군	061 – 852 – 2664
순천시	061 – 750 – 5353
여수시	061 – 659 – 4167
영광군	061 – 353 – 8880
영암군	061 – 463 – 2929
완도군	061 – 555 – 4100
장성군	061 – 393 – 5420
장흥군	061 – 864 – 4813
함평군	061 – 324 – 5431
해남군	061 – 534 – 0215, 061 – 534 – 0017
화순군	061 – 375 – 1057
– 광주	
광산구	062 – 959 – 9337
광주남구	062 – 351 – 9337
광주동구	062 – 234 – 5790
광주북구	062 – 430 – 2963
광주서구	062 – 369 – 0072
– 경상북도	
경산시	053 – 816 – 4071
구미시	054 – 443 – 0541
김천시	054 – 431 – 7740

기관명	연락처
상주시	054 – 531 – 3543
안동시	054 – 823 – 6008
영덕군	054 – 730 – 7373
영주시	054 – 634 – 5431
울릉군	054 – 791 – 0205
의성군	054 – 832 – 5440
청도군	054 – 373 – 8131
칠곡군	054 – 975 – 0833
포항시	054 – 244 – 9702
– 경상남도	
경상남도	055 – 716 – 2363
김해시	055 – 329 – 6355
밀양시	055 – 351 – 4404~4407
사천시	055 – 832 – 0345
산청군	055 – 972 – 1018
양산시	055 – 382 – 0988
의령군	055 – 573 – 8400
진주시	055 – 749 – 5445
창녕군	055 – 533 – 1305
창원시	055 – 225 – 3951
창원시마산	055 – 244 – 8745
통영시	055 – 640 – 7741, 7742
하동군	055 – 880 – 6520
함양군	055 – 963 – 2057
– 대구	
달서구	053 – 593 – 1511
달성군	053 – 636 – 7390
대구남구	053 – 471 – 2326, 053 – 475 – 2324
대구동구	053 – 961 – 2202
대구북구	053 – 327 – 2994, 053 – 327 – 2994
대구서구	053 – 355 – 8042, 053 – 341 – 8312
대구중구	053 – 431 – 1230
수성구	053 – 795 – 4300
– 강원	
강릉시	033 – 648 – 3019

기관명	연락처
고성군	033 – 681 – 9333
동해시	033 – 535 – 8377, 033 – 535 – 8378
삼척시	033 – 576 – 0761
속초시	033 – 637 – 2680
양구군	033 – 481 – 8664
양양군	033 – 670 – 2943
영월군	033 – 375 – 8400
원주시	033 – 764 – 8612
인제군	033 – 462 – 3651
정선군	033 – 562 – 3458 033 – 563 – 3458
철원군	033 – 452 – 7800
춘천시	033 – 251 – 8014
태백시	033 – 554 – 4003
평창군	033 – 332 – 2063 033 – 332 – 2064
홍천군	033 – 433 – 1915
화천군	033 – 442 – 2342
횡성군	033 – 344 – 3458~9
– 울산	
울산남구	052 – 274 – 3136
울산동구	052 – 232 – 3351
울산북구	052 – 286 – 0025
울산중구	052 – 248 – 1103
울주군	052 – 229 – 9600
– 부산	
금정구	051 – 513 – 2131
부산동래구	051 – 506 – 5765
부산시	051 – 330 – 3406
부산진구	051 – 802 – 2900
사상구	051 – 328 – 0042
사하구	051 – 203 – 4588
수영구	051 – 758 – 3073
연제구	051 – 851 – 5002
영도구	051 – 414 – 9605

기관명	연락처
해운대구	051 − 782 − 7002
− 제주	
서귀포시	064 − 760 − 6488
제주시	064 − 725 − 8005, 064 − 725 − 8015

알코올·중독 관련 기관

기관명	연락처
한국마약퇴치운동본부 (중앙본부)	02-2677-2245
한국도박문제관리센터	1336
한국마약퇴치운동본부 (중독재활센터)	02-2679-0436~7
〈알코올 전문 병원〉	
다사랑중앙병원	1544-2838, 031-340-5040, 5009
진병원	1577-1581
카프병원	031-810-9200
예사랑병원	1566-1308, 043-298-7337
주사랑병원	043-286-0692
한사랑병원	055-722-7000, 7004(상담)
다사랑병원	062-380-3800
〈중독관리 통합지원센터〉 - 서울	
강북구중독관리통합지원센터	02-989-9223
구로중독관리통합지원센터	02-2679-9353
노원구중독관리통합지원센터	02-2116-3677
도봉중독관리통합지원센터	02-6082-6793
- 경기도	
성남시중독관리통합지원센터	031-751-2768
수원시중독관리통합지원센터	031-256-9478
안산시중독관리통합지원센터	031-411-8445
안양시중독관리통합지원센터	031-464-0175
파주시중독관리통합지원센터	031-948-8004
화성시중독관리통합지원센터 (정남분소)	031-354-6614
화성시중독관리통합지원센터 (동탄분소)	
의정부시중독관리통합지원센터	031-829-5001

기관명	연락처
- 인천	
계양구중독관리통합지원센터	032-555-8765
부평구중독관리통합지원센터	032-507-3404
인천동구중독관리통합지원 센터	032-764-1183
연수구중독관리통합지원센터	032-236-9477
인천남동구중독관리통합지원 센터	032-468-6412
- 충정북도	
청주시중독관리통합지원센터	043-272-0067
- 충청남도	
아산시중독관리통합지원센터	041-537-3332
천안시중독관리통합지원센터	041-577-8097
- 대전	
대덕구중독관리통합지원센터	042-635-8275
대전서구중독관리통합지원 센터	042-527-9125
대전동구중독관리통합지원 센터	042-286-8275
- 전라북도	
군산시중독관리통합지원센터	063-464-0061
전주시중독관리통합지원센터	063-223-4567
- 전라남도	
목포시중독관리통합지원센터	061-284-9694
여수시중독관리통합지원센터	061-659-4255
- 광주	
광주서구중독관리센터	062-654-3802
광주북구중독관리센터	062-526-3370
광주동구중독관리센터	062-222-5666
광주남구중독관리통합지원 센터	062-412-1461
광주광산구중독관리센터	062-714-1233
- 경상북도	
구미중독관리통합지원센터	054-474-9791

기관명	연락처
포항중독관리통합지원센터	054 − 270 − 4148
− 경상남도	
김해중독관리통합지원센터	055 − 314 − 0317
마산중독관리통합지원센터	055 − 247 − 6994
진주중독관리통합지원센터	055 − 758 − 7801
창원중독관리통합지원센터	055 − 261 − 5011
− 대구	
대구동부중독관리통합지원센터	053 − 957 − 8817
대구서부중독관리통합지원센터	053 − 638 − 8778
− 강원도	
강릉시중독관리통합지원센터	033 − 653 − 9667~8
원주시중독관리통합지원센터	033 − 748 − 5119
춘천시중독관리통합지원센터	033 − 255 − 3482
− 울산	
울산남구중독관리통합지원센터	052 − 275 − 1117
울산중구중독관리통합지원센터	052 − 245 − 9007
− 부산	
부산중독관리통합지원센터	051 − 246 − 7574
부산북구중독관리통합지원센터	051 − 362 − 5482
사상구중독관리통합지원센터	051 − 988 − 1191
해운대중독관리통합지원센터	051 − 545 − 1172
− 제주도	
제주중독관리통합지원센터	064 − 759 − 0911
제주서귀포중독관리통합지원센터	064 − 760 − 6037

범죄 피해 관련 기관

기관	연락처
법무부 인권구조과	02 – 2110 – 3263
대검 피해자인권과	02 – 3480 – 2303~5
검찰청(피해자지원실)	1577 – 2584
범죄피해자지원센터	1577 – 1295
스마일센터	02 – 472 – 1295
대한법률구조공단	132
한국가정법률상담소	1644 – 7077
법률홈닥터	02 – 2110 – 4253
경찰청(피해자지원경찰관)	182
경찰청(피해자보호 담당관실)	02 – 3150 – 2335
〈해바라기센터〉	
– 서울	
서울북부해바라기센터(통합)	02 – 3390 – 4145
서울남부해바라기센터(통합)	02 – 870 – 1700
서울동부해바라기센터	02 – 3400 – 1700
서울해바라기센터(통합)	02 – 3672 – 0365
서울중부해바라기센터(통합)	02 – 2266 – 8276
서울해바라기센터(아동)	02 – 3274 – 1375
– 경기도	
경기북서부해바라기센터(통합)	031 – 816 – 1375
경기서부해바라기센터	031 – 364 – 8117
경기북동부해바라기센터	031 – 874 – 3117
경기해바라기센터(아동)	031 – 708 – 1375
– 인천	
인천해바라기센터(아동)	032 – 423 – 1375
인천동부해바라기센터	032 – 582 – 1170
인천북부해바라기센터	032 – 280 – 5678
– 충청북도	
충북해바라기센터	043 – 272 – 7117
충북해바라기센터(아동)	043 – 857 – 1375
– 충청남도	
충남해바라기센터	041 – 567 – 7117

기관	연락처
– 대전	
대전해바라기센터(통합)	042 – 280 – 8436
– 전라북도	
전북서부해바라기센터	063 – 859 – 1375
전북해바라기센터	063 – 278 – 0117
전북해바라기센터(아동)	063 – 246 – 1375
– 전라남도	
전남서부해바라기센터(통합)	061 – 285 – 1375
전남동부해바라기센터	061 – 727 – 0117
– 광주	
광주해바라기센터	062 – 225 – 3117
광주해바라기센터(아동)	062 – 232 – 1375
– 경상북도	
경북서부해바라기센터	054 – 439 – 9600
경북북부해바라기센터	054 – 843 – 1117
경북동부해바라기센터(통합)	054 – 278 – 1375
– 경상남도	
경남해바라기센터	055 – 245 – 8117
경남해바라기센터(아동)	055 – 754 – 1375
– 대구	
대구해바라기센터	053 – 556 – 8117
대구해바라기센터(아동)	053 – 421 – 1375
– 강원도	
강원동부해바라기센터(통합)	033 – 652 – 9840
강원서부해바라기센터(통합)	033 – 252 – 1375
– 울산	
울산해바라기센터(통합)	052 – 265 – 1375
– 부산	
부산해바라기센터(통합)	051 – 244 – 1375
부산동부해바라기센터	051 – 501 – 9117
– 제주	
제주해바라기센터(통합)	064 – 749 – 5117

기관	연락처
〈스마일센터〉	
스마일센터총괄지원단	02-333-1295
서울동부스마일센터	02-473-1295
서울서부스마일센터	02-332-1295
부산스마일센터	051-582-1295
인천스마일센터	032-433-1295
광주스마일센터	062-417-1295
대구스마일센터	053-745-1295
대전스마일센터	042-526-1295
춘천스마일센터	033-255-1295
전주스마일센터	063-246-1295
수원스마일센터	031-235-1295
의정부스마일센터	031-841-1295
〈범죄피해자지원센터〉	
한국범죄피해자지원중앙센터 (강남구,관악구,동작구,서초구,종로구,중구)	02-534-4901, 1577-1295(전국)
서울동부범죄피해자지원센터 (강동구,광진구,성동구,송파구)	02-455-4954,5005
서울남부범죄피해자지원센터 (강서구,구로구,금천구,양천구,영등포구)	02-2645-1301, 02-2644-1302
서울서부범죄피해자지원센터 (마포구,서대문구,용산구,은평구)	02-3270-4504, 4505
서울북부범죄피해자지원센터 (강북구,노원구,도봉구,동대문구,성북구,중랑구)	02-3399-4776
경기북부범죄피해자지원센터 (의정부시,남양주시,구리시,동두천시,양주시,포천시,연천군,가평군,철원군)	031-820-4678, 031-873-4678
고양·파주지역범죄피해자지원센터 (고양시,파주시)	031-932-8291
부천·김포범죄피해자지원센터	032-329-2580,

기관	연락처
(부천시,김포시)	032-320-4671~2
수원지역범죄피해자지원센터 (수원시,용인시,오산시,화성시)	031-210-4761, 031-211-0266
성남·광주·하남범죄피해자지원센터 (성남시,광주시,하남시)	031-715-0090, 031-736-1090
여주·이천·양평범죄피해자지원센터 (이천시,여주시,양평군)	031-885-1188, 031-880-4510
평택·안성 범죄피해자지원센터 (평택시,안성시)	031-656-2828, 031-657-2828
안산·시흥·광명범죄피해자지원센터 (안산시,시흥시,광명시)	031-475-3310
안양지역범죄피해자지원센터 (안양시,과천시,군포시,의왕시)	031-387-0050
인천범죄피해자지원센터 (강화군,계양구,남구,동구,부평구,서구,연수구,옹진군,중구)	032-868-4999
춘천지역범죄피해자지원센터 (춘천시,인제군,홍천군,화천군,양구군)	033-244-0335, 033-240-4505
강릉지역범죄피해자지원센터 (강릉시,동해시,삼척시)	033-641-4163, 033-660-4520
원주·횡성 범죄피해자지원센터 (원주시,횡성군)	033-742-3100, 033-769-4618
속초지역범죄피해자지원센터 (속초시,고성군,양양군)	033-638-1111
영월지역범죄피해자지원센터 (태백시,영월군,평창군,정선군)	033-375-9119
대전범죄피해자지원센터	042-472-0082,

기관	연락처
(대덕구,유성구,동구,서구,중구,세종특별자치시,금산군)	0282
홍성지역범죄피해자지원센터 (보령시,서천군,예산군,홍성군)	041 – 631 – 4915, 041 – 631 – 4911
공주 · 청양범죄피해자지원센터 (공주시,청양군)	041 – 856 – 2828, 041 – 840 – 4559
논산 · 부여 · 계룡범죄피해자지원센터 (논산시,계룡시,부여군)	041 – 745 – 2030
서산지역범죄피해자지원센터 (서산시,당진시,태안군)	041 – 660 – 4377, 041 – 667 – 7731
천안 · 아산범죄피해자지원센터 (아산시,천안시)	041 – 533 – 6090
청주범죄피해자지원센터 (청주시,청원군,보은군,괴산군,진천군,증평군)	043 – 288 – 0141, 043 – 299 – 4678
충주 · 음성 범죄피해자지원센터 (충주시,음성군)	043 – 856 – 2526, 043 – 841 – 4699
제천 · 단양 범죄피해자지원센터 (제천시,단양군)	043 – 643 – 1295, 043 – 648 – 1295
영동 · 옥천 범죄피해자지원센터 (영동군,옥천군)	043 – 742 – 3800, 043 – 740 – 4579
대구 · 경북 범죄피해자지원센터 (수성구,북구,중구,남구,동구,경산시,영천시,청도군,칠곡군)	053 – 752 – 4444, 053 – 740 – 4440
대구서부범죄피해자지원센터 (달서구,달성군,서구,성주군,고령군)	053 – 573 – 7400, 053 – 573 – 7401
경북북부범죄피해자지원센터 (안동시,영주시,봉화군)	054 – 854 – 7600, 054 – 852 – 7200
경주범죄피해자지원센터(경	054 – 777 – 1295

기관	연락처
주시)	
포항범죄피해자지원센터 (포항시)	054 – 276 – 8112
김천지역범죄피해자지원센터	054 – 430 – 9091
구미지역범죄피해자지원센터	054 – 462 – 9090
상주 · 문경 · 예천범죄피해자지원센터 (상주시,문경시,예천군)	054 – 533 – 6047
의성 · 군위 · 청송범죄피해자지원센터 (의성군,군위군,청송군)	054 – 834 – 2820, 054 – 830 – 4548
영덕 · 울진 · 영양범죄피해자지원센터 (영덕군 울진군,영양군)	054 – 733 – 9495, 054 – 730 – 4979
부산범죄피해자지원센터 햇살 (금정구,동래구,연제구,부산진구,동구,영도구,중구)	051 – 558 – 8893~4
부산동부범죄피해자지원센터광명 (남구,수영구,해운대구,기장군)	051 – 781 – 1144, 051 – 780 – 4686
부산서부범죄피해자지원센터 (사상구,사하구,북구,강서구,서구)	051 – 205 – 4497
울산범죄피해자지원센터 (남구,동구,북구,울주군,중구, 양산시)	052 – 265 – 9004
경남범죄피해자지원센터 (창원시(성산구, 의창구, 진해구),김해시)	055 – 239 – 4579, 055 – 286 – 8286
진주지역범죄피해자지원센터 ' 등불' (진주시,사천시,남해군,하동군,산청군)	055 – 748 – 1301
통영 · 거제 · 고성범죄피해자지원센터 (거제시,통영시,고성군)	055 – 648 – 6200
밀양 · 창녕 범죄피해자지원	055 – 356 – 8272

기관	연락처
센터 (밀양시, 창녕군)	
거창 · 합천 · 함양범죄피해자 지원센터 (거창군, 합천군, 함양군)	055 – 945 – 2325
마산 · 함안 · 의령범죄피해자 지원센터 (창원시마산합포구, 함안군, 창원시마산회원구, 의령군)	055 – 242 – 6688
광주전남범죄피해자지원센터 (광산구, 북구, 서구, 남구, 동 구, 곡성군, 담양군, 장성군, 영 광군, 화순군, 나주시)	062 – 225 – 4752
〈(사)한국피해자지원협회〉	
(사)한국피해자지원협회 서울서부	02 – 351 – 9926
(사)한국피해자지원협회 서울남부	02 – 782 – 1002
(사)한국피해자지원협회 서울북부	02 – 908 – 0977
(사)한국피해자지원협회 경기동부	031 – 711 – 9278
(사)한국피해자지원협회 경기남부	031 – 211 – 7676
(사)한국피해자지원협회 경기북부	031 – 967 – 3238
(사)한국피해자지원협회 경기북서	031 – 902 – 6480
(사)한국피해자지원협회 인천	032 – 503 – 7179
(사)한국피해자지원협회 충북	043 – 224 – 9517
(사)한국피해자지원협회 충남	041 – 572 – 7004
(사)한국피해자지원협회 전남	061 – 284 – 0075
(사)한국피해자지원협회 전북	063 – 907 – 1112, 063 – 907 – 111

기관	연락처
(사)한국피해자지원협회 대전	042 – 628 – 9517
(사)한국피해자지원협회 강원	033 – 251 – 8840
(사)한국피해자지원협회 대구 경북	053 – 421 – 8117
(사)한국피해자지원협회　경 남울산	055 – 337 – 1525
(사)한국피해자지원협회 부산	051 – 999 – 7612

성폭력 관련 기관

기관명	연락처
〈전국 성폭력 상담소〉 - 서울	
한국성폭력상담소	02 – 338 – 5801
한국성폭력위기센터	02 – 883 – 9284~5
장애여성성폭력상담소	02 – 3013 – 1367
한사회장애인성폭력상담소	02 – 2658 – 1366
이레성폭력상담소	02 – 3281 – 1366
벧엘케어상담소	02 – 896 – 0401,08
가족과성건강아동청소년상담소	070 – 8128 – 1366
천주교성폭력상담소	02 – 825 – 1273
한국성폭력상담소	02 – 338 – 2890
한국여성민우회 성폭력상담소	02 – 739 – 8858
탁틴내일청소년성폭력상담소	02 – 338 – 8043
서울여성장애인성폭력상담소	02 – 3675 – 4465~6
한국여성의전화 성폭력상담소	02 – 3156 – 5400
꿈누리 여성장애인 상담소	02 – 902 – 3356
- 경기도	
(사)씨알여성회부설 성폭력상담소	031 – 797 – 7031
군포여성민우회성폭력상담소	031 – 397 – 8149
남양주가정과성상담소	031 – 558 – 1366
동두천성폭력상담소	031 – 861 – 5555
부천여성의전화부설 성폭력상담	032 – 328 – 9713
부천청소년성폭력상담소	031 – 655 – 1366
(사)경원사회복지회부설 여성장애인성폭력상담소	031 – 755 – 2526
(사)성남여성의전화부설 성폭력상담소	031 – 751 – 2050
안산YWCA 여성과 성 상담소	031 – 413 – 9414
안양여성의전화부설 성폭력상담소	031 – 442 – 5385
연천 행복뜰상담소	031 – 832 – 1315
용인성폭력상담소	031 – 281 – 1366
의왕장애인성폭력상담센터	031 – 462 – 1366

기관명	연락처
의정부장애인성폭력상담소	031 – 840 – 9204
파주성폭력상담소'함께'	031 – 946 – 2096
평택성폭력상담소	031 – 658 – 6614
포천가족성상담센터	031 – 542 – 3171
하남YWCA부설 성폭력상담소	031 – 796 – 1274
- 인천	
인구보건복지협회 인천성폭력상담소	032 – 451 – 4094
(사)인천장애인지적협회 장애인성폭력상담소	032 – 424 – 1366
오내친구장애인성폭력상담소 (장애인)	032 – 506 – 5479
- 충청북도	
제천성폭력상담소	043 – 652 – 0049
청주여성의전화 청주성폭력상담소	043 – 252 – 0966
청주여성장애인성폭력상담소	043 – 224 – 9414
인구보건복지협회부설 청주성폭력상담소	043 – 264 – 1366
충주성폭력상담소	043 – 845 – 1366
- 충청남도	
뎀나무상담지원센터	041 – 852 – 1950
장애인성폭력아산상담소 (장애인)	041 – 541 – 1514
아산가정성상담지원센터	041 – 546 – 9181
천안여성의전화부설 성폭력상담소	041 – 561 – 0303
(사)충남성폭력상담소	041 – 564 – 0026
천안장애인성폭력상담소	041 – 592 – 6500
태안군성인권상담센터	041 – 675 – 9536
홍성성가정폭력통합상담소	041 – 634 – 9949
- 대전	
동대전장애인성폭력상담소	042 – 637 – 1366
대전여성장애인성폭력상담소	042 – 223 – 8866

기관명	연락처
대전YWCA 성폭력상담소	042 – 254 – 3038
대전성폭력상담소	042 – 712 – 1367
－ 전라북도	
군산성폭력상담소	063 – 442 – 1570
(사)성폭력예방치료센터 김제시부 성폭력상남소	063 – 546 – 8366
익산성폭력상담소	063 – 834 – 1366
새벽이슬장애인성폭력상담소	063 – 223 – 3015
(사) 성폭력예방치료센터부설 성폭력상담소	063 – 236 – 0152
(사)성폭력예방치료센터 정읍지부 성폭력상담소	063 – 531 – 1366
－ 광주	
인구보건복지협회 광주성폭력상담소	062 – 673 – 1366
광주여성장애인성폭력상담소	062 – 654 – 1366
광주여성민우회 성폭력상담소	062 – 521 – 1361
－ 경상북도	
새경산성폭력상담소	053 – 814 – 1318
경산로뎀성폭력상담소	053 – 853 – 5276
경주다움성폭력상담센터	054 – 777 – 1366
구미여성종합상담소(통합)	054 – 463 – 1386
영남여성장애인성폭력상담소	054 – 443 – 1365
문경열린종합상담소(통합)	054 – 555 – 8207
필그림가정복지상담소(통합)	054 – 534 – 9996
경북여성장애인성폭력상담소	054 – 843 – 1366
(사)칠곡종합상담센터(통합)	054 – 973 – 8290
(사)한마음부설 한마음상담소	054 – 278 – 4330
－ 대구	
(사)대구여성의전화부설 성폭력상담소	053 – 471 – 6484
인구보건복지협회 대구경북지회 성폭력상담소	053 – 566 – 1900
－ 강원도	
동해가정폭력·성폭력상담소	033 – 535 – 4943
(사)속초여성인권센터 속초성	033 – 637 – 1988

기관명	연락처
폭력상담소	
영월성폭력상담소	033 – 375 – 1366
아라리가족성상담소	033 – 563 – 8666
－ 울산	
울산장애인인권복지협회부설 울산상애인성폭력상담센터	052 – 246 – 1368
울산성폭력상담소	052 – 245 – 1366
－ 부산	
기장열린성가정상담소	051 – 531 – 1366
부산장애인연대부설 성폭력상담소	051 – 583 – 7735
인구보건복지협회 성폭력상담소	051 – 624 – 5584
다함께 성·가정상담센터	051 – 357 – 1377
〈전국 가정폭력상담소〉 － 서울	
강서양천가정폭력상담소	02 – 2605 – 8455
월계우리가족상담소	02 – 904 – 0179
동산가정폭력상담소	02 – 599 – 7646
(사)한국여성상담센터	02 – 953 – 1704
잠실가정폭력상담소	02 – 2202 – 7806
남성의전화부설 서울가정폭력상담센터	02 – 2653 – 1366
은평가정폭력상담소	02 – 326 – 1366
한국가정법률상담소 중구지부부설 가정폭력상담소	02 – 2238 – 6551
－ 경기도	
고양YWCA가족사랑상담소	031 – 919 – 4040
광명여성의전화 부설 가정폭력상담소	02 – 2060 – 0245
(사)가화가족상담센터	031 – 551 – 9976
(사)김포여성의전화부설 가정폭력상담소	031 – 986 – 0136
부천가정폭력상담소	032 – 667 – 2314
사단법인 수원여성의전화 부설 성·가정폭력통합상담소	031 – 232 – 7795

기관명	연락처
시흥여성의전화부설 가정폭력상담소	031 – 496 – 9391
경기가정폭력상담소	031 – 419 – 1366
안양YWCA가정폭력상담소	031 – 427 – 1366
양주가정폭력상담소	031 – 8647546
양평가정상담소	031 – 775 – 4983
행가래로 의왕가정,성상담소	031 – 459 – 1311
경기북부가정문제상담소	031 – 876 – 7544
이천가정성상담소	031 – 638 – 7200
한국가정법률상담소 평택안성지부부설가정폭력상담소	031 – 611 – 4252
(사)정해복지부설 하남행복한가정상담소	031 – 794 – 4111
– 인천	
(사)인천내일을여는집 가족상담소	032 – 543 – 7179
중구가정폭력상담소	032 – 761 – 7070
– 충청북도	
음성가정(성)폭력상담소	043 – 873 – 1330
청주가정법률상담소 부설 가정폭력상담소	043 – 257 – 0088
청주YWCA여성종합상담소	043 – 268 – 3007
충주YWCA가정폭력상담소	043 – 842 – 9888
– 충청남도	
주시가족상담센터	041 – 854 – 1366
논산YWCA가정폭력상담소	041 – 736 – 8297
대천가족성통합상담센터	041 – 936 – 7941
서산가족상담지원센터	041 – 668 – 8566
가족성장상담소남성의소리	041 – 572 – 0115
– 대전	
대전가톨릭가정폭력상담소	042 – 636 – 2036
대전열린가정폭력상담소	042 – 625 – 5441
– 전라북도	
군산여성의전화부설가정폭력상담소	063 – 445 – 2285
남원YWCA가정폭력상담소	063 – 625 – 1318

기관명	연락처
한국가정법률상담소익산지부부설가정폭력상담소	063 – 851 – 5113
익산여성의전화부설가정폭력상담소	063 – 858 – 9191
전주가정폭력상담소	063 – 244 – 0227
전주여성의전화부설 가정폭력상담소	063 – 287 – 7325
정읍가정폭력상담소	063 – 535 – 8223
– 전라남도	
광양여성상담센터	061 – 761 – 1254
목포여성상담센터	061 – 285 – 1366
무안열린가정상담센터	061 – 454 – 1365
순천여성상담센터	061 – 753 – 9900
여수여성상담센터	061 – 654 – 5211
영광여성상담센터	061 – 352 – 1322
영암행복한가정상담센터	061 – 461 – 1366
함평열린가정상담센터	061 – 324 – 1366
– 광주	
송광한가족상담센터	062 – 452 – 1366
광주YWCA가정상담센터	062 – 672 – 1355
광주장애인가정상담소	062 – 654 – 0420
광주여성의전화부설 광주여성인권상담소	062 – 363 – 7739
– 경상북도	
경산가정폭력상담소	053 – 814 – 9191
경주가정폭력상담소	053 – 749 – 1366
상주가정문제상담소	054 – 541 – 6116
안동가정법률상담소부설가정폭력상담소	054 – 856 – 4200
영주소백가정상담센터	054 – 638 – 1366
포항YWCA가정폭력상담소	054 – 277 – 5418
(사)포항여성회부설경북여성통합상담소	054 – 284 – 0404
포항로뎀나무가정문제상담소	054 – 262 – 3554
포항생명의전화부설가정폭력상담소	054 – 242 – 0015

기관명	연락처
－ 경상남도	
(사)거제가정상담센터	055－633－7636
고성가족상담소	055－673－2911
(사)김해여성회부설 가정폭력 상담소	055－326－6253
양산가족상남센터	055－362－1366
진주가정폭력상담소	055－746－7988
마산가정상담센터	055－296－9126
진해가정상담센터	055－551－2332
－ 대구	
대구여성장애인통합상담소	053－637－6057, 6058
영남가정폭력상담소	053－953－2866
대구이주여성상담소	053－944－2977
대구여성폭력통합상담소	053－745－4501
－ 강원도	
사)강릉여성의전화 부설 해솔 상담소	033－643－1982, 5
강릉가정폭력성폭력상담소	033－652－9556, 9930
속초YWCA가정폭력상담소	033－635－3520
원주가정폭력성폭력상담소	033－765－1366
철원가정폭력상담소	033－452－1566
춘천가정폭력성폭력상담소	033－257－4687
태백가정폭력상담소	033－554－4005
홍천가족상담소	033－433－1367
행복만들기상담소	033－344－1366
－ 울산	
생명의전화울산지부부설가정· 성폭력통합상담소	052－265－5570
동구가정성폭력통합상담소	052－252－6778
(사)울산여성회부설북구가정 폭력상담소	052－287－1364
－ 부산	
희망의전화 가정폭력상담소	051－623－1488, 1399

기관명	연락처
(사)부산가정법률상담소　부설 가정폭력관련상담소	051－469－2987
부산성폭력.가정폭력상담소	051－558－8833~4
(사)부산여성의전화성·가정 폭력상담센터	051－817－4344
여권문화인권센터 가정폭력 상담소	051－363－3838
사하가정폭력상담소	051－205－8296
중부산가정폭력상담소	051－462－7177
〈성매매피해상담소〉	
－ 서울	
여성인권상담소 소냐의 집	02－474－0746
성매매피해상담소 이룸	02－953－6280
에이레네 상담소	02－3394－7936
다시함께상담센터	02－814－3660
여성인권센터 보다	02－982－0923
십대여성인권센터	02－6348－1318
－ 경기도	
성매매피해상담소 위드어스	031－747－0117
어깨동무	031－222－0122
두레방	031－841－2609
여성인권센터 쉬고	031－948－8030 031－957－6117
－ 충청북도	
충북여성인권상담소 늘봄	043－255－8297 043－257－8297
－ 충청남도	
충남여성인권상담센터	041－575－1366
－ 대전	
여성인권지원상담소 느티나무	042－223－3534
－ 전라북도	
현장상담센터	063－232－8297
－ 전라남도	
목포여성인권지원센터	061－276－8297
순천여성인권지원센터	061－753－3644, 3654

기관명	연락처
여수여성인권지원센터 새날지기	061 - 662 - 8297
− 광주	
성매매피해상담소 언니네	062 - 232 - 8297
− 경상북도	
경북성매매상담센터 새날	054 - 231 - 1402
− 경상남도	
경남여성인권지원센터	055 - 246 - 8298
여성인권상담소	055 - 273 - 2261
− 대구	
힘내	053 - 422 - 4898 053 - 425 - 4898
민들레	053 - 430 - 6011
− 강원도	
춘천길잡이의 집	033 - 242 - 8296
− 울산	
울산성매매피해상담소	052 - 249 - 8297
− 부산	
여성인권지원센터 살림	051 - 257 - 8297
부산여성지원센터 꿈아리	051 - 816 - 1366 051 - 817 - 8297
− 제주	
제주현장상담센터 해냄	064 - 751 - 8297

현장에서의 위기개입의 실제

자살 위기영역

 자살 위기 개입 사례 영상

 이정민 씨(가명)는 35세 직장인 남성이다. 몇 달 전부터 3년 가까이 사귄 여자 친구의 태도가 변하기 시작했다. 연락도 잘 안 되고 만남의 횟수도 급격히 줄었기 때문이다. 답답하고 화가 났지만 헤어지자고 할까 봐 참는 수밖에 없었다. 친구에게 들은 이야기로는 최근 여자 친구가 같은 직장 상사와 극장에서 데이트하는 것을 봤다고 했다. 확인하려 했지만 카톡도 받지 않는다. 만나서 확인하고 싶어 회사 앞에서 기다리다가 둘의 만남을 보고 말았다. 이정민 씨는 6살 때, 엄마가 집을 나가는 것을 본 기억 때문에 누군가가 자신을 떠나는 것이 매우 불안하고 힘들다. 고등학교 시절에도 여자 친구가 헤어지자고 일방적으로 말하고 떠난 이후 진정제 한 움큼을 먹은 적이 있다. 대학교 때는 새로 사귄 여자 친구가 유학을 가고 난 후 엄청난 충격으로 휴학을 하고 은둔생활을 하기도 하였다. 그래도 자신을 잘 추슬러 졸업도 하고, 대기업에 취직을 하였으나 여전히 여자 친구를 사귀거나 누군가와 관계 맺는 것이 어려웠다. 떠날까 봐 전전긍긍하는 게 싫었고, 집착하는 자신의 모습을 보는 것도 괴롭다. 어머니가 떠난 이후, 아버지는 암으로 돌아가셨고, 일가친척도 없다.

 예전의 그 아픔이 되살아났고, 우울해지면서 회사 업무를 하는 게 힘들어졌다. 집중도 되지 않고, 번번이 지각을 하였으며 죽고 싶은 생각을 통제할 수가 없게 되었다. 여자 친구와 1000일 기념 여행을 가려고 알아봤던 제주도 펜션에서 술을 마시고 약을 먹고 죽을 계획을 세워 놓았다. 약은 병원에서 우울증약과 수면제 처방받은 약들을 모아두었고, 사직서, 유서도 써놓았다. 자신이 너무도 무가치하게 느껴지고 아무에게도 사랑받지도, 누구를 사랑할 수도 없을 것 같다. 너무나 외롭고 힘들어 죽고 싶은 생각뿐이다.

4일 동안 무단결근을 하고, 동료들의 연락을 받지 않고, 카톡 확인도 하지 않아 위기개입 훈련을 받은 인사부 직원 ○○ 과장이 개입하게 되었다. 주변 동료들의 면담을 통해 최근 업무 수행을 어려워했던 점, 회사 동료들과 관계를 맺지 않기 시작하였고 극심하게 우울해 보인 점, 여자 친구와 헤어진 사실과 SNS상에 의미심장한 말들이 남겨져 있는 것을 확인하였다. 위기개입팀을 구성한 후 이정민 씨의 집으로 찾아갔다.

※ SAFER-R MODEL 개입

안정화 단계(stabilize)

- 위기개입자: 안녕하세요? 전 인사관리 위기개입팀 이성진(가명) 과장입니다. 최근 이정민 씨(가명)가 무단결근을 하고 동료들과 연락이 닿지 않아 걱정이 되어서 찾아왔습니다. 혹시 저와 이야기 좀 나누어 볼 수 있을까요? 전 회사에서 나오긴 했지만 오늘 나누는 대화의 내용은 절대 다른 곳에서 이야기하지 않을 겁니다. 다만, 자신과 타인을 해치는 것이나 법과 관련된 것은 비밀을 보장할 수 없습니다. 하지만 그것이 이정민 씨에게 회사 내 불이익을 주기 위함이 아니라 이정민 씨를 돕고자 하는 것이니 절 믿어 주시면 좋겠습니다.
- 자살위기에 처한 사람: 아, 네…. 별일 아닙니다. 괜찮은데…. 다음에 제가 연락드리면 안 될까요? 지금은 좀 그런데….
- 위기개입자: 그저 이야기만 잠시 해보는 건 어떨까요? 시간은 10분에서 15분정도면 됩니다. 현재 어떤 어려움이 있는지 누군가와 이야기

하고 싶다면요. 실례가 안 된다면 커피라도 주실 수 있으세요? 힘드실까요?

— 자살위기에 처한 사람: 정 그러시다면 잠깐 들어와서 커피나 한 잔 하고 가세요.

— 위기개입자: 감사합니다. (자리에 앉아 물이 끓기를 기다린다)

— 자살위기에 처한 사람: 드릴 게 커피밖에 없네요. 드릴 말씀이 별로 없는데. 그저 좀 개인적인 사정 때문에 다른 사람들과 만나지 않고 쉬고 싶었는데 주위사람들에게 걱정을 끼친 것 같습니다. 저라는 사람이 늘 그래요. 누군가에게 부담을 주는 존재예요.

위기인정 단계(acknowledge the crisis)

— 위기개입자: 구체적으로 이야기 해주시면 제가 정민 씨를 이해하는 데 도움이 될 것 같아요.

— 자살위기에 처한 사람: 늘 그랬던 것 같아요. 어릴 때부터….

— 위기개입자: 어릴 때부터?

— 자살위기에 처한 사람: 그냥 그랬던 것 같아요. 난 누군가에게 늘 부담을 주고 쓸모없는 존재인 것 같았어요. 사실은 최근에 여자 친구와 헤어졌거든요. 그래서 좀 힘들었어요. 그뿐이에요. 별 문제는 아니에요.

— 위기개입자: 누군가에게 부담스런 존재인 것처럼 느끼는 것과 여자 친구와 헤어진 것과 관련이 있는 건가요?

— 자살위기에 처한 사람: 모두 떠나요. 모두 다 떠난다고요. 아시겠어요? (약간 격앙된 목소리로 이야기한다) 괜찮아요. 다 떠나라고 하죠 뭐. 어차피 전 늘 혼자였어요.

— 위기개입자: 최근 여자 친구와 헤어지기 전에도 누군가가 떠난 적이 있었나 봐요.

— 자살위기에 처한 사람: 모두 다요. 엄마, 아빠, 전에 사귀던 여자 친구들 모두 다 떠났다고요.

— 위기개입자: 그랬군요. 그래서 정민 씨가 자신과 관계를 가지는 사람

들은 모두가 떠났고 최근 여자 친구까지 떠나면서 자신이 누군가에게 부담을 주는 것 같아 화가 많이 나고 많이 힘드셨나 보군요. 그래서 회사에서 일에도 지장이 있으셨나요?

- 자살위기에 처한 사람: 그랬던 것 같아요. 집중도 안 되고, 한숨만 나고, 멍 때리는 시간이 많았던 것 같아요. 그런데, 사실 너무 아파요…. 마음이. 그래서 내가 너무 무가치하게 느껴져요.

- 위기개입자: 그러실 수 있어요. 모두가 떠난 것 같아 너무 외롭고 자신이 쓸모없게 느껴지면 심리적으로 고통스러우실 수 있어요. 그런데, 그렇게 심리적으로 고통스러울 땐 죽고 싶기도 한데, 정민 씨는 어떠세요?

- 자살위기에 처한 사람: 죽고 싶어요. 정말이지 아침에 눈을 뜨지 않았으면 좋겠어요. 눈을 뜨는 순간 이 세상을 살고 싶지 않다는 생각이 들어요.

- 위기개입자: 혹시 이전에 자살시도를 한 적이 있어요?

- 자살위기에 처한 사람: 음…. 고등학교 때 첫 여자 친구가 떠나고 자살시도 비슷하게 했어요.

- 위기개입자: 어떤 방법으로 하셨어요?

- 자살위기에 처한 사람: 진정제 30알정도를 먹었던 것 같아요. 그 정도로는 죽지도 못하는데 말이에요. 그래도 정말 죽고 싶었거든요.

- 위기개입자: 그러셨군요. 약을 먹고 난 후 깨어났을 때 어떠셨어요?

- 자살위기에 처한 사람: 멍 했던 것 같아요. 하지만 여전히 마음이 아팠던 것 같네요.

- 위기개입자: 그 후에도 자살시도를 한 적이 있었나요?

- 자살위기에 처한 사람: 아니요. 그 후엔 그런 적 없었어요. 누군가 떠난 후엔 다시 죽고 싶다는 생각은 했었지만 하지 않았어요. 잘 견디고 살았어요. 대학도 가고, 직장도 잘 다녔어요.

- 위기개입자: 잘 견디며 살아왔는데, 이번엔 더 많이 힘들어 자살생각이 많이 드나 봐요. 그렇다면 자살하기 위해 계획은 세우셨나요?

- 자살위기에 처한 사람: … ….(한참 고민한다)
- 위기개입자: 괜찮습니다. 시간을 가지시고 편하게 이야기하세요.
- 자살위기에 처한 사람: 사실은 헤어진 여자친구와 1000일을 기념하기 위해 제주도 펜션에 예약을 해놨었어요. 거기에 혼자 가려고 했어요. 거기서 죽으면 여자 친구가 슬퍼할까 생각했어요.
- 위기개입자: 어떤 약을 얼마나 모아두셨어요?
- 자살위기에 처한 사람: 최근에 처방받았던 우울증 약, 수면제를 좀 모아놨었어요. 유서도 써봤어요. 하지만 아직 어쩌려고 한 건 아니에요. 그냥 그러면 어떻게 될까 생각만 했어요. 너무 괴로워서요. 제가 이상해진 건가요? 미쳐가는 건가요?
- 위기개입자: 아니에요. 충분히 그러실 수 있어요. 절대 미치거나 이상해진 건 아니라고 생각돼요. 충분히 그런 상황에서 자살생각을 할 수 있고, 그 심리적 고통이 이해가 되네요.
- 자살위기에 처한 사람: 그래요? 전 제가 미쳐가는 것 같아 불안하고 무서웠어요. (격렬히 울기 시작한다) 누군가에게 이야기할 수가 없었어요. 내가 미쳤다고 할까 봐요.

이해촉진하기 단계(facilitate understanding)

- 위기개입자: (울 수 있도록 충분히 시간을 준다) 맞아요. 이렇게 자살생각이 들면 불안하고 무섭죠. 아무도 이해할 수 없을 것 같고요. 그럼 지금 정민 씨를 가장 힘들게 하는 건 이러한 심리적 고통 때문에 자살생각을 하고 계획을 세우는 자신이 불안하고 무서운 건가요?
- 자살위기에 처한 사람: 네. 그런 것 같아요. 혼자 어떻게 해야 할지를 모르겠어요. 나도 모르게 자살생각을 하고 있어요. 내가 미쳐가는 것 같아요.
- 위기개입자: 일반적으로 사람들은 위기에 처해있을 때 감정적으로 압도되어 이전에 사용하던 대처방안 등이 생각나지 않고 어떻게 해야 할지 몰라 더 당황하게 되어요. 시야가 좁아지거든요. 지금 정민 씨도 그

런 상태일 것 같네요.

– 자살위기에 처한 사람: 정말 그런 것 같아요. 이런 내 자신이 당황스럽고 무서워요.

효과적인 대처권장하기 단계(encourage effective coping)

– 위기개입자: 그러실 것 같아요. 그런데, 정민 씨! 혹시 이전에 다른 여자 친구가 떠났을 때나 감정적으로 압도될 만큼 힘들 상황이었을 때 어떤 방법으로 그 상황을 극복했어요?

– 자살위기에 처한 사람: 음…. 저번 여자 친구와 헤어졌을 때는 친구들이 많이 위로해주었어요. 이야기도 많이 나누었고요. 참, 힘들 때마다 여행도 갔었던 것 같아요. 전 걸으면서 위로가 참 많이 돼요.

– 위기개입자: 주위에 좋은 친구들이 많이 있으신가 봐요. 여행가서 많이 걷는 것이 위안이 되는군요.

– 자살위기에 처한 사람: 네. 그랬네요. 예전엔 여행도 많이 다녔는데. 지금 생각하니. 그리고 제가 여자복은 없어도 친구복은 좀 있어요. (미소를 지으며 자랑스러워한다) 그러고 보니 모두가 떠난 건 아니었는데….

– 위기개입자: 주위 동료분들도 진심으로 정민 씨를 걱정하던데요. 그래서 제가 여기까지 왔고요. 혹시 현재 정민 씨가 혼자 있지 않도록 와서 있어 줄 누군가가 계실까요?

– 자살위기에 처한 사람: 글쎄요. 부담스러워하지 않을까요?

– 위기개입자: 그건 정민 씨 생각일 수도 있지 않을까요? 지금 정민 씨는 옆에 있어줄 누군가가 필요할 것 같아요. 만약 누군가가 없다면 오늘은 제가 있어드릴 수도 있어요. 어떠세요?

– 자살위기에 처한 사람: 네. 한번 연락을 해볼게요….

– 위기개입자: 그리고 제 부탁 하나 들어주실래요?

– 자살위기에 처한 사람: 네? 뭔데요?

– 위기개입자: 아까 약을 모아두었다고 하셨죠? 그 약, 제가 가져가도

될까요?

– 자살위기에 처한 사람: … …그러세요. (약을 부엌에서 가져와 위기개입자
에게 건넨다)

회복/의뢰 단계(recovery / referral)

– 위기개입자: 그리고 정민 씨가 전문가에게 가서 상담을 받아보시는 것
도 방법일 수 있을 것 같아요. 상담을 원하시면 제가 의뢰를 해드릴 수
있고요, 의사에게 가고자 하면 그것 또한 의뢰를 해드릴 수 있어요. 혼
자 가기 불편하거나 두렵다면 제가 같이 가드릴 수 있어요. 어떠세요?

– 자살위기에 처한 사람: 그렇게 해주실 수 있어요?

– 위기개입자: 그럼요. 물론이죠. 제가 곁에서 도와드릴게요. 오늘 힘든
이야기였을 텐데 마음을 열어주셔서 감사해요. 어떠셨어요? 많이 힘
드셨나요?

– 자살위기에 처한 사람: 아니에요. 제가 감사하죠. 사실 처음엔 집에 못
들어오시게 하려고 했는데…. 막상 말을 하다 보니 한결 편안하네요.
그런데…. 회사엔 어떻게 해야 할까요? 제가 정신이 없어서 무단결석
을 해놓은 상태라서…. 사실 사직서도 준비해놓았는데, 딱히 회사를
그만두고 싶은 건 아닌데….

– 위기개입자: 회사에는 당분간 병가를 제출하시는 것도 방법일 것 같네
요. 제가 절차상 방법은 도와드릴 수 있을 것 같아요. 정민 씨의 자살
생각은 보고체계에서 최소한의 인원만 알게 될 겁니다. 걱정하지 않으
셨으면 좋겠네요.

– 자살위기에 처한 사람: 네. 감사합니다.

저자 소개

육성필
고려대학교에서 심리학 석사를 마치고, 서울대학교병원 정신과에서 임상심리학 레지던트과정을 수료한 뒤 고려대학교에서 심리학박사를 받았다. 미국 로체스터대학교의 자살예방연구소에서 펠로우과정을 하였다. 서울상담심리대학원대학교 교수로 재직 중이다.

조윤정
서울상담심리대학원대학교(구 용문상담심리대학원대학교) 위기관리전공 석사를 졸업한 후 동대학원대학교의 위기관리전공 박사를 받았다. 현재 수원시상애인가족지원센터 부설 상애인가족심리연구소 소장으로 근무하고 있다.

위기관리총서 시리즈 3 ― 현장에서의 위기개입워크북
자살위기의 이해와 개입

초판발행	2019년 2월 25일
중판발행	2022년 9월 10일
지은이	육성필·조윤정
펴낸이	노 현
편 집	김명희·강민정
기획/마케팅	노 현
표지디자인	조아라
제 작	고철민·조영환
펴낸곳	㈜ 피와이메이트
	서울특별시 금천구 가산디지털2로 53 한라시그마밸리 210호(가산동)
	등록 2014. 2. 12. 제2018-000080호
전 화	02)733-6771
f a x	02)736-4818
e-mail	pys@pybook.co.kr
homepage	www.pybook.co.kr
I S B N	979-11-89643-13-3 94370
	979-11-89643-12-6 94370(세트)

정 가   13,000원

박영스토리는 박영사와 함께하는 브랜드입니다.